Anonymous

Geschichte der Revolutionen von Tahiti

nebst einer Schilderung der Staatsverfassung, der Sitten, der Künste und der

Religion der Bewohner dieser Insel

Anonymous

Geschichte der Revolutionen von Tahiti
nebst einer Schilderung der Staatsverfassung, der Sitten, der Künste und der Religion der Bewohner dieser Insel

ISBN/EAN: 9783743414198

Hergestellt in Europa, USA, Kanada, Australien, Japan

Cover: Foto ©ninafisch / pixelio.de

Manufactured and distributed by brebook publishing software (www.brebook.com)

Anonymous

Geschichte der Revolutionen von Tahiti

Geschichte der Revolutionen von Tahiti,

nebst einer

Schilderung der Staatsverfassung, der Sitten, der Künste und der Religion der Bewohner dieser Insel,

von

Putavery,

Groß-Earee von Tahiti,

aus dem Tahitischen übersezt

von

Mselle B. D. B. D. B.

Gotha,
bey Carl Wilhelm Ettinger. 1783.

Lucis habitamus opacis,
Riparumque toros et prata recentia rivis
Incolimus.

Virgil. Lib. IV.

Vorrede.

Ist es einem Schriftsteller bisweilen erlaubt, das Publikum von den Bemühungen zu unterrichten, welche er angewandt hat, um in irgend einen wichtigen, die Geschichte der Menschheit betreffenden Gegenstand bis auf den Grund einzudringen: so darf ich kühn behaupten einen gerechtern Anspruch als sonst jemand auf diese Freiheit zu haben. Eifersüchtig auf die Ehre Europa ein Werk zu geben, welches ihm

Vorrede.

die Sitten, die Gebräuche und den Karakter eines Volks schilderte, dessen Verdienste in unserm Welttheil noch so wenig bekannt sind, unternahm ich, um diesen Endzweck zu erreichen im J. 1776, eine so beschwerliche als kostbare Reise, und vor deren Gefahren die Schwäche meines Geschlechts hätte zurückbeben müssen. Das Manuskript, welches die Geschichte der Revolutionen von Tahiti enthält, hat den berühmten Putaveri der zu Paris noch in frischem Andenken ist zum Verfasser. Allein niemand konnte es, selbst mit Beihülfe des unterrichtenden Wörterbuchs des Herrn Pereire, verstehen. Es gerieth mir durch einen Zufall in die Hände, und sogleich faßte ich den Vorsaz die glückliche Insel Tahiti zu besuchen. Das Schiff le Magnanime, welches in

kurzer

Vorrede.

kurzer Zeit nach den Südländern abgehen sollte, bot mir eine günstige Gelegenheit zu dieser Reise dar. Ich ging im Julius zu Schiffe; und nach einer gefahrvollen und mühseligen Reise von sechs Monaten kam ich endlich in dem Vaterlande des weisen Putaveri an. Ich hielt mich zwei ganze Jahre lang daselbst auf, um die Sprache des Landes zu studiren, und mir von den Sitten und Gesetzen der Einwohner eine gründliche Kenntniß zu erwerben. In einem Staat, wo aus nichts ein Geheimniß gemacht wird, wo jeder Bürger es für seine Pflicht hält, andern alle nöthige Dienste zu leisten, ist diese Zeit ohne Zweifel hinlänglich, um einen Fremden, sollte er auch mit noch so wenig Scharfsichtigkeit beobachten, über alles, was den Zustand dieses guten Volks betrifft,

Vorrede.

licht zu geben. Auch darf ich mir schmeicheln, daß ich alles gesehen, alles betrachtet, und alles mit dem ernsthaftesten Nachdenken geprüft habe.

Da Putaveri sein Werk nicht sowol in der Absicht es bekannt zu machen, als vielmehr zu seiner eigenen Belehrung geschrieben hatte, so waren darin verschiedene umständliche Nachrichten übergangen, welche, so sehr wissenswürdig und interessant sie für uns sein musten, ihm unnütz oder gleichgültig schienen. Die Kenntnisse, die ich zu Tahiti erworben, und die Unterredungen, die ich mit den am besten von den Gebräuchen des Landes unterrichteten Personen gehabt habe, sezen mich in Stand, sein Stillschweigen zu ergänzen. Ich habe mir gewissermaßen seine Ma-
teria-

Vorrede.

terialien eigen gemacht, und ihn so reden lassen, als wenn er von unsern Gebräuchen und von denen die darüber geschrieben haben, vollkommen unterrichtet gewesen wäre. Daher gewisse in diesem Werke hin und wieder vorkommende Züge, die der Verfasser selbst nicht hätte entwerfen können, die man indessen nicht unrecht angebracht finden wird.

Hier wäre vielleicht der Ort, diesem verehrungswürdigen Bürger die verdienten Lobsprüche zu ertheilen, der sich den väterlichen Umarmungen entzog, und Haus und Vaterland verließ, um unsere Sitten und unsere Thorheiten kennen zu lernen; aber seine Bescheidenheit hat meine Feder durch einen Eid, den ich nicht brechen werde, zu bin-

Vorrede.

binden gewuſt. Ich will nur ſagen, daß ich ſo glücklich geweſen bin, ihn in Tahiti zu finden. Er hat mir alle Beweiſe von Achtung und Freundſchaft gegeben, die ich, nach der Schilderung, welche mir von ſeiner wolthätigen Geſinnung und dem leutſeligen Betragen ſeiner Landsleute war gemacht worden, von ihm erwarten durfte. Sobald ich angekommen war, ſtellte er mich ſeinen Eltern vor, die mich ſeit dem Augenblick als ihre eigne Tochter anſahen. Zwei Jahre hindurch begegnete mir ſeine Schweſter, die ſchöne Oedidee, beſtändig mit aller der liebevollen Aufmerkſamkeit, welche ſich nur immer von einer zärtlichen und edelmüthigen Freundin hoffen läßt. Sie beſchäfftigte ſich nur mit mir; ſie kam allen meinen Bedürfniſſen zuvor. Nachdem ihr Bruder
ihr

Vorrede.

ihr von der Delikatesse der Europäischen Frauenzimmer und den Mitteln dieselbe zu befriedigen eine Beschreibung gemacht hatte, vergoß sie oftmals Thränen, weil es ihr unmöglich war, mir alle meine Gemächlichkeiten zu verschaffen. Lange Zeit erlaubte sie sich meinetwegen, sich ihren ländlichen Arbeiten zu entziehen, und jene glückliche Geschäfftigkeit, die das Glück ihres Lebens macht, wurde von einer völlig einförmigen, unbeschäfftigten Lebensart verdrungen. Allein auf meine Versicherung, daß diese unschuldigen Beschäfftigungen mir weit angenehmer wären als jeder andre Zeitvertreib, den sie mir verschaffen könnte, so kehrte sie zu ihren gewöhnlichen Arbeiten zurück; doch brauchte sie dabei die Vorsicht, daß ich im Schatten eines Ahorns ruhen muste, während sie

Vorrede.

sie ihre Felder durchlief. O edelmüthige Dediden, einzige aufrichtige Freundin, die ich auf der Welt gekannt habe, alle diese Beweise von Wolwollen und Güte sind tief und unauslöschlich meiner Seele eingegraben; und wenn die Innigkeit unsrer Verbindungen in meinem Herzen eine Quelle herben Grams zurückließ, die nur mit meinem Leben versiegen wird, so ist es, weil ich nicht im Stande bin, selbst mit Aufopferung meines eignen Lebens, alle deine liebevollen Bemühungen für meine Erhaltung und für meine Wolfahrt zu vergelten.

Geschichte der Revolutionen von Tahiti.

Erster Theil.

Erstes Kapitel.
Kindheit der ersten Bewohner von Tahiti, der Mirmidonen.

Eine wenig zahlreiche Nation bewohnte verborgen eine Insel mitten im Weltmeer, den übrigen Sterblichen unbekannt, und ausser allem Verkehr mit ihnen. Von der einfältigen Natur unterrichtet, stellten

ten die Mirmidonen ein vollkommnes Bild von der Jugend des menschlichen Geschlechtes dar. Die Erde gab ihnen Baum- und Feldfrüchte, welche zu ihrem Unterhalt hinreichten. Felle von Thieren, die vor Alter durch einen Zufall gestorben waren, dienten ihnen zur Kleidung. Allein mit seiner Erhaltung beschäfftigt, sammelte jeder von ihnen die Früchte, deren er nöthig hatte, und verschaffte sich die Felle, die zu seiner Bedeckung nothwendig waren. Keiner dachte jemals darauf, daß ein andrer diese Sorge für ihn übernehmen könnte. Die Natur zeigte ihnen zwischen der Aufmerksamkeit, welche ihr Dasein erfoderte, und dem Verluste dieses Daseins selbst keinen Mittelweg. Sie, diese allgemeine Mutter des menschlichen Geschlechts, flößte ihnen auch die Begierde ein sich zu vermehren. Diese Begierde, dies göttliche Feuer, welches uns entflammt, und alle Wesen treibt ihres gleichen hervorzubringen, wurde nicht durch die mörderische Unruhe bekämpft, welche die andern Sterblichen wegen des Schicksals ihrer Kinder

Kinder peiniget. Ohne irgend einen Begriff von den Banden der Ehe zu haben, beleidigten sie niemals die eheliche Keuschheit. Der Mann, voll jener Zärtlichkeit, welche im Frühling die Wälder von dem klagenden Girren der liebenden Turteltaube ertönen läßt, lebte mit ihr, so lange sie die sanften Ausgüsse seines Herzens zu erwiedern schien. Nichts also widersezte sich der Vermehrung dieser glücklichen Nation. Sie fand unter sich keine Ursache zum Kriege, keinen Grund zu Uneinigkeit und Zwietracht, kein Bedürfniß, welches bei ihren einzelnen Mitgliedern Geiz oder Neigung zu Gewaltthätigkeiten hervorgebracht hätte.

Unabhängig von einander hatten sie keine Obrigkeit. Jede Familie stellte ein Reich vor, wo die Greise ruhig die sanfte und wolthätige Gewalt ausübten, die die Natur den Vätern über ihre Kinder gegeben hat. Der Trieb der Selbsterhaltung war das einzige Gesez, welches sie kannten, und dieser Trieb, so stark er immer war, hatte in ihnen noch nicht den Gedanken erweckt, ihren Nebenmenschen zu schaden, weil sie noch nie in der Nothwendigkeit gewesen waren, zwischen ihrem Dasein und dem Dasein ihrer Nachbarn zu wählen. Dunkle, von der Natur gegrabne Hölen gaben ihnen während dem Winter Schuz; und die Berge, die Gehölze, die Ufer der Flüsse oder der Quellen waren ihr Aufenthalt während dem Sommer. Sie verließen nie ihr Vaterland, um sich in fremden Gegenden niederzulassen, weil sie zu Hause alles fanden, wovon ihre Väter sie gelehrt hatten Gebrauch zu machen, und es ihnen nie in Sinn kam, daß anderswo etwas besseres sein könnte.

Die Schönheit des Landes, welches sie bewohnten, seine Fruchtbarkeit, das sanfte Klima, die köstlichen Früchte, die es hervorbringt, verschafften diesem liebenswürdigen Volke noch einen neuen Grad von Genuß und Glückseligkeit. Dieser beglückte Theil der Erde, dessen Geschichte ein wichtiger Plaz in den Jahrbüchern der

Mensch-

Menschheit gehört, bildet eine im Südmeere gelegene Insel, von ungefähr vierzig Meilen im Umfange. Damals hieß sie Mirmidonien, jezt hat sie, von ihren neuen Besizern, den Namen Tahiti. Ueberall bietet sie den Augen des Reisenden die angenehmsten, reizendsten Aussichten dar. Der innere Theil der Insel besteht aus hohen Bergen, die mit Bananas- Kokos- und andern Bäumen von allen Arten bekränzt sind. Aus diesen Bergen entspringen eine Menge Quellen, deren klare Gewässer sich durch die Thäler schlängeln, wo sie ein immerwährendes Grün unterhalten. Von dem Ufer des Meers bis an den Fuß der Berge ist nichts als flacher Boden, vortreflich zum Anpflanzen verschiedener Fruchtbäume, und mit Bächen durchschnitten, welche die Fruchtbarkeit der Gegend befördern, und sie mit allen den Liebreizen bereichern, in denen Flora und Pomona prangen. Eine Kette von verborgnen Korallenklippen, welche die Insel umschließt, verwehrt den Eingang in dieses begünstigte Land, und bildet zugleich Bäder, und

und für diejenigen, welche dieser Gewässer
kundig sind, vortrefliche Häfen.

Das ist das Land der Mirmidonen,
deren Glückseligkeit lange selbst die Unsterb-
lichen zur Eifersucht zu reizen schien. Freund-
schaftlich gegen alles gesinnt, was sich ihm
nahte, lebte dieses Volk mit allen Wesen,
die der Ewige auf die Erde gesezt hat, im
Frieden. Die Vögel schienen Wollust darinn
zu finden, es durch ihren Gesang zu ergezen.
Löwen, Tiger, Leoparden, und alle übrige
Raubthiere, die damals auf der Insel Mirmidonien in großer Menge waren, vergaßen,
wenn sie ihm nahe kamen, ihre natürliche
Grausamkeit; bis endlich ein Bewohner
dieses schönen Landes auf den Gedanken kam,
die Haut eines noch jungen Thiers müste
sanfter sein, als die von einem andern, welches unter der Last der Jahre gesunken wäre.
Auf einmal zerriß er das Bündniß, welches
seit vielen Jahrhunderten zwischen dem Menschen und allen lebendigen Wesen zu bestehen
schien, er erwürgte Thiere, um sich mit der
ihnen

ihnen abgenommenen Hülle zu bedecken. Die übrigen verabscheueten diese grausame That, aber nicht lange, so ahmten sie sie nach. Derselbige Mann erfand die Kunst, Felle an den gebrochenen Aesten von vier oder fünf nahe stehenden Bäumen zu befestigen. Unter diesen Fellen wohnte er den Winter über, und im Sommer suchte er darunter gegen die Stürme Sicherheit. Seine Nachbaren ahmten ihm in diesen gefährlichen Neuerungen nach; und bald an diese weibischen Zufluchtsörter gewöhnt, konnten sie nicht mehr begreifen, wie sie in feuchten, dunkeln und scheußlichen Hölen hatten wohnen können.

Bald fanden die Einwohner zu wenig Thiere, um sich zu kleiden, und ihre Häuser zu bedecken. Nun wollte jeder um die Wette mit den übrigen sich den reichlichsten Vorrath sammlen; und da der Mangel von der Unbequemlichkeit, die als das größeste Uebel angesehen wurde, unzertrennlich war, so entstanden Streitigkeiten über den Besitz der

B   Thiere,

Thiere, und einer entwendete dem andern ihre nützliche Hülle mit List. Die Jagd, die anfangs bloß zur Erholung gedient hatte, ward eine ernsthafte Beschäfftigung, ein wichtiger Gegenstand für jede Familie. Gewaltthätigkeit und Habsucht bemächtigten sich dieser sonst so friedsamen Gemüther. Da zeigten sich Haß, Neid, Eifersucht, und ein Theil der übrigen Verbrechen, deren unreiner Hauch jetzt die Erde entweiht.

Nicht ohne Unruhe wurde die tägliche augenscheinliche Abnahme der Anzahl der Thiere bemerkt. Jeder befürchtete für seine Nachkommen ihren völligen Untergang, und hätte gern die Anzahl seiner Kinder der Menge des Vorraths gleich gemacht, welcher zu ihrer Bedeckung und Wohnung gesammelt wurde. Es gab keinen Mann, der nicht die Fruchtbarkeit seines Weibes verfluchte.

Doch dieses war erst ein Theil des mannichfaltigen Unglücks, welches die Nation zur Belohnung seiner Entdeckungen zu erwarten

ten hatte. Das Wasser der Flüsse und der Quellen hatte bis dahin den Durst der Menschen und der Thiere gestillt. Einer kam auf den Gedanken, es müste angenehm sein, den Geschmack der Früchte in dem Getränke wieder zu finden. Er drückte aus denselben den Saft aus, und fing ihn in irdenen, an der Sonne getrockneten Gefäßen auf. Er fand zum erstenmal, da er dieses Getränk genoß, ein anderes Vergnügen, als dasjenige, welches er bisher empfunden hatte, wenn er seinen Durst löschte. Er trank, auch wenn es die Natur nicht verlangte; und beim Trinken fühlte er in sich eine ganz besondre Frölichkeit entstehen, die immer zunahm, und ihn einlud mehr zu trinken. Er rief seinen Nachbar zu sich, um mit ihm sein neues Glück zu theilen, und machte ihm durch sein Beispiel zum Trinken Muth. Seine Gedanken geriethen in Unordnung, seine Augen fingen an die Gegenstände ganz anders zu sehen, als sie waren, und seine erhöhete Einbildungskraft ward reich an witzigen Einfällen. Er theilte seinem Nachbar die

B 2   En-

Entdeckungen, die er machte, mit, und wollte ihn überreden, daß seine Hütte und die Bäume, die um die Hütte standen, um ihn herumtanzten. Dieser, dessen Vernunft von den Einflüssen des genossenen Tranks nichts gelitten hatte, wollte eine so wunderliche Behauptung nicht zugeben. Beide Theile geriethen in Hize, sie stießen Schimpfreden gegen einander aus, der Gast wurde von seinem Wirth grausam gemishandelt, und sahe sich gezwungen eiligst die Flucht zu ergreifen. Das war die erste Wirkung des traurigen Gifts, welches nur eben war entdeckt worden.

 Ainsi Titon jadis en connut l'amertume.
 Lorsque ce fier Centaure, échauffé de Bacchus,
 Signala sa fureur contre Pirithoüs,
 Et sans rien écouter qu'une indiscrete flamme,
 Voulut de ce héros déshonorer la femme;
 Les Lapithes sur lui tombant de tous côtés,
 Arrêtèrent le cours de ses indignités,
 Et leurs bras le couvrant de honteuses blessures,
 Gravèrent sur son front le prix de ses injures.

„So lernte einst Titon sein Herbes
„kennen. Als, vom Bacchus erhizt, dieser
„stolz

„stolze Centaur vor den übrigen sich durch
„seine Wut gegen Pirithous hervorthat, und
„bloß einer unbesonnenen Liebe gehorsam,
„die Gemalin dieses Helden entehren wollte:
„da stürzten von allen Seiten die Lapithen
„auf ihn, und hemmten den Lauf seiner
„schändlichen Unternehmungen; ihre Arme
„bedeckten ihn mit schimpflichen Wunden,
„und gruben seiner Stirn den Lohn seiner
„Beleidigungen ein."

Alle Einwohner von Mirmidonien erstaunten, als sie erfuhren, ein Mann habe einen andern geschlagen; denn so weit war die Gewaltthätigkeit noch nie getrieben worden. Sie versammelten sich um einen so befremdenden Fall zu untersuchen. Sie überlegten, was für Strafe ein solches Verbrechen verdiente; aber nach langem Streiten wurde entschieden: durch das Gift worinn sich der Schuldige berauscht habe, sei er des Gebrauchs seiner Vernunft beraubt gewesen, er müste folglich als unschuldig angesehen werden. Indessen wurde beschlossen,

B 3 daß

daß wenn in Zukunft dergleichen geschähe, derjenige, der einen andern gewaltthätiger Weise angegriffen hätte, eben so sollte behandelt werden, als er seinen Nebenmenschen würde behandelt haben. Die Mirmidponier schmeichelten sich, die Furcht vor einem solchen Unglück würde hinlänglich sein den ferneren Gebrauch des neuen Getränks völlig zu verhindern oder doch zu mäßigen. Aber sie irrten sich; und bald erfuhren sie den Tod verschiedner Personen, welche das Vergnügen zu trinken versammelt hatte. Bei dem Anblick der in ihrem Blute schwimmenden Leichname bemächtigten sich Abscheu und Zorn der Gemüther. Die unglücklichen Todtschläger wurden grimmig angefallen, und sogleich in Stücken zerrissen. Doch bald folgte der blinden Wut, die eine so fürchterliche Rache zuwege gebracht hatte, das Mitleid; und dieses stieg aufs höchste, als es bekannt ward, daß die Todtschläger nicht die Urheber des Zwistes gewesen waren, sondern daß bloß eine nothwendige Selbstvertheidigung sie zu diesem gewaltsamen Schritt

Schritt gebracht hatte. Hieraus wurde geschloſſen, daß derjenige, der einen andern entleibte, nicht immer den Tod verdiente, daß er, aller Anzeigen ohngeachtet, die gegen ihn zu beweiſen ſchienen, unſchuldig ſein könnte, und daß es gefährlich wäre, ohne eine mit vieler Ueberlegung angeſtellte Unterſuchung zu ſtrafen. Es wurde alſo ein weiſer Mann, ein durch ſeine Klugheit, und Mäßigung bekannter Greis gewählt, der den Auftrag erhielt, die eigentliche Beſchaffenheit der Zwiſte zu erforſchen, und darnach die Beſtrafung der Schuldigen einzurichten.

Dieſe Einrichtung ſchien ſehr vernünftig. Aber da unmöglich ein einziger Mann dem mühſamen Geſchäfft eines Richters in dem ganzen Lande der Mirmidonen gewachſen ſein konnte; ſo wurden mehrere ernennt, und jedem ein beſtimmter Strich angewieſen, ohne daß es jedoch irgend einem von ihnen wäre verboten worden, über Sachen zu erkennen, die er bequem würde unterſuchen können,

können, sollten sie auch ausser seinem Gebiete vorgefallen sein.

Diese Richter gewöhnten sich bald an die ihnen anvertraute schmeichelhafte Gewalt. Sie hatten sie bis auf das Erkenntniß über solche Zwistigkeiten ausgebreitet, welche aus dem bestrittenen Besiz eines Thiers, eines Felles, eines Bogens oder eines irdenen Gefäßes entstanden. Sie waren über eine Macht, die ihnen Achtung verschaffte, eifersüchtig; denn schon suchte man durch ehrerbietige Aufwartungen sich diejenigen geneigt zu machen, die man zu Richtern haben konnte; man sezte voraus, daß in einem zweifelhaften Falle die Freundschaft ihrer Meinung den Ausschlag geben könnte.

Endlich sahen die Richter die Menge der Rechtssachen als ein Glück für sich an, und litten nicht, daß die, welche in ihrem Gebiete entstanden waren, von ihren Nachbarn abgethan würden. Es gab keinen Richter

Richter über ihnen, der jeder Gerichtsbarkeit ihre Grenzen genau bestimmt, und die deswegen erhobnen Streitigkeiten ausgemacht hätte. Einer von ihnen wollte Gewalt brauchen, um seinen Nachbar wegen einer vorgegebnen widerrechtlichen Anmaßung zu bestrafen; aber seine Freunde verließen ihn. Er erinnerte sich daran, und zwang sie bald es zu bereuen, da sie durch seinen Ausspruch einige Felle verlieren musten, die ihnen unrechtmäßiger Weise streitig gemacht wurden. Ein so auffallender Zug von Unbilligkeit empörte den ganzen Kanton. Der boshafte Richter, der sich erkühnt hatte, auf solche Art seinen persönlichen Haß zu befriedigen, wurde abgesezt und es wurde beschlossen an seiner Stelle einen seiner Nachbarn zu ernennen, über den sich niemand beklagte.

Dieser Richter hatte einen Sohn, der seines Vaters Anweisungen genüzt zu haben schien. Er hatte lange den Untersuchungen der Rechtssachen beigewohnt, und darauf oft

B 5 die

die Stelle seines Vaters eingenommen, als ein hohes Alter diesen ausser Stand gesetzt hatte, alle die Händel zu entscheiden, welche in seinem Bezirk entstanden. Seine Klugheit und seine Fähigkeit hatten ihm bei seinen Mitbürgern Ansehen und Hochachtung erworben. Nach seines Vaters Tode folgte er ihm ohne Einrede in Verwaltung seiner Geschäffte, und das Richteramt, welches bis dahin von einer freien Wahl abgehangen hatte, ward jezt erblich, und blieb auf immer bei den Familien.

Indessen verminderte eine neue Erfindung die Anzahl der Streitigkeiten vor Gericht. Ein Mirmidone kam auf den Gedanken, daß Schilf und langes Gras fest zusammen gebunden, eine Hütte bedecken, und ihre Mauern gegen Wind und Regen undurchdringlich machen könnte. Diese Entdeckung gefiel der Nation. Eine so gebauete Strohhütte wurde eben so bequem gefunden, als eine mit Fellen bedeckte Wohnung; und da das Land eine große Menge von Schilf und

und sehr hohen Grasarten hervorbrachte, so hörten die Klagen über den Mangel an Thieren auf, deren Felle seitdem bloß zur Kleidung gebraucht wurden. Die Anzahl der Kinder beunruhigte die Väter nicht mehr; Die Fruchtbarkeit der Weiber schien nicht mehr eine verderbliche Plage; und das Land der Mirmidonen ward volkreicher als es jemals gewesen war. Die Natur, aufmerksam auf ihre Bedürfnisse, zeigte sich desto fruchtbarer und wohlthätiger, je zahlreicher sie wurden. Nie hat ein so kleines Land eine so große Anzahl von Einwohnern ernährt. Aber der Geschmack an dem Getränke, dessen Wirkungen anfangs so fürchterlich gewesen waren, nahm täglich zu, und man fing an unter den einzelen Personen, welche die Nation der Mirmidonen ausmachten, einen großen Unterschied zu bemerken. Die einen zogen mit großer Sorgfalt die Staude, deren Frucht diesen mörderischen Trank hervorbrachte. Die andern, weniger vorsehend als ihre Landsleute, oder weniger für das Vergnügen zu trinken empfindlich,

pfindlich, vernachläßigten ihren Anbau, und dachten nicht eher daran, sich dieses angenehme Getränk zu verschaffen, als bis sie ihre Nachbarn im Begriff sahn die Frucht ihrer Arbeit einzuerndten. Da wollten sie solche mit ihnen theilen. Diese warfen ihnen die Unthätigkeit und Trägheit vor, worinn sie lebten, und ließen sie ungehindert sammeln, was sie selbst zu viel hatten; und dieses überflüßige war beträchtlich genug, um ihren Vorrath auszumachen. Diese edelmüthige Willfährigkeit, dieses glückliche Verständniß waren nicht von langer Dauer. Bald bemerkten die geschäfftigen Anbauer, daß diejenigen, mit denen sie ihre Erndte theilten, nicht mit ihnen die Felle theilten, von denen sie eine desto größere Menge zusammenbrachten, da sie sich mit der Jagd beschäfftigten, indessen die andern ihren Fleiß anwendeten Stauden zu ziehen, und ihre Ranken mit den Aesten der großen Bäume zu verflechten, welche ihnen zur Stütze dienten. Sie beklagten sich über diese Ungleichheit. Einige Jäger gaben ihren Vorstellungen Gehör;
die

die übrigen behaupteten, die Felle hätten
beständig denen gehört, von denen die Thiere
wären getödtet worden, die Früchte hingegen wären beständig Menschen und Thieren
gemein geblieben; es könnte folglich nicht anders als ungerecht sein, ihnen einen Theil
von ihrem Eigenthum zu nehmen, weil sie
ihren Antheil von dem verlangten, was allen
zugehörte. Dieses Anspruchsrecht, auf
welches sich die Trägen beriefen, wurde mit
starken Gründen von den Anbauern wider-
legt. „Vergeblich, sagten sie, führt ihr uns
„das Beispiel der Vögel an, welche von
„allen unsern Bäumen die Früchte nehmen,
„die zu ihrer Nahrung dienlich sind. Wir
„verjagen sie, wenn sie sich auf unsre Obst-
„bäume niederlassen, und wir geben nicht
„zu daß sie uns mehr nehmen, als was wir
„ihnen nicht entziehen können. Ihr dürft
„also nur erwarten, eben so wie sie verjagt
„zu werden, da ihr weder nützlicher noch
„arbeitsamer seid.„

Diese Antwort schien unmenschlich.
Dies war das erstemal, daß Mirmidonen

es

es wagten, sich auf ein Eigenthumsrecht über Dinge zu berufen, welche die Natur dem ganzen menschlichen Geschlechte überlassen zu haben scheint. Beide Partheien gingen zu den Richtern, und brachten ihre beiderseitigen Gründe vor. Diese Magistrate sahen sich in großer Verlegenheit, eine so ausserordentlich wichtige Sache zu entscheiden. Sie beriefen alle Mirmidonen zusammen, um gemeinschaftlich mit der ganzen Nation einen Ausweg zur Beendigung des Streites zu suchen. Es wurde kein anderer gefunden als der, jedem Einwohner ein bestimmtes Stück Landes anzuweisen, auf welchem er allein das Recht haben sollte, die Früchte, die es hervorbringen würde, einzusammeln. Sogleich wurde diese Vertheilung gemacht. Felsen und große Bäume bezeichneten die Gränzen jedes Eigenthums; und von dem Augenblick an war nicht ein einziger Mirmidone, der nicht Landmann und Jäger zugleich gewesen wäre.

Man hatte, wie gesagt, zu dieser Anordnung seine Zuflucht genommen, um den
Strei=

Streitigkeiten auszuweichen; allein bald sahe man ein, wie sehr man sich betrogen, und daß man, weit entfernt, die Anzahl der Prozesse zu vermindern, nur zu ihrer Vermehrung gearbeitet hatte. Der erste Mirmidone, welcher starb, hinterließ zehn Kinder; diese theilten sich in das ihrem Vater zugefallene Land, welches kaum zu ihrem nothwendigen Unterhalt hinreichte. Ein andrer Mirmidone starb in einem benachbarten Bezirk, ohne Nachkommenschaft. Sein Bruder nahm das Land, welches er hinterließ, in Besiz, und bald blieb dieses Erbe unangebaut liegen, weil es dem neuen Eigenthümer unnüz war. Von den zehn Kindern, die jener andre Mirmidone hinterlassen hatte, wollten sich fünf an diesem Orte sezen, der von niemanden bewohnt wurde. Der neue Besizer, ohne zu bedenken, wie unnüz ihm seine Besizung wäre, widersezte sich lebhaft denen, die sich dieselbe zueignen wollten. Es wurde ihm vorgestellt, daß ein Feld, welches er nicht bearbeitete, ihm nicht gehören könnte; aber er

gab

gab zur Antwort, dieses Land hätte seinem Bruder gehört, und er hätte das Recht gehabt es zu erben, da ja alle Tage ein Bruder sich die Häute zueignete, die sein ohne Kinder sterbender Bruder in seiner Hütte nachließe. Er sezte hinzu, er hätte mehrere Kinder, und es wäre seine Absicht, einem Theil von ihnen das Erbe seines Bruders zu ihrer Versorgung anzuweisen. Seine Ansprüche wurden vernünftig gefunden; und die Sache hatte hierbei ihr Bewenden. Als aber die zehn Brüder sämmtlich viele Kinder gezeugt hatten, da ward ihr väterliches Erbgut viel zu mittelmäßig, als daß sie ihren Unterhalt daraus hätten ziehen können. Sie wendeten sich an den Richter, um durch ihn die Fluren zu erhalten, die ihr Nachbar unbebaut liegen ließ. Er hatte damals nur noch zwei Söhne übrig. Der älteste sollte das Land seines Bruders haben, und das seinige wollte er dem jüngsten hinterlassen. Er theilte dieses Vorhaben dem Richter mit, der die Frage sehr schwer zu entscheiden fand. Um

mit

mit mehr Einsicht und reifer Ueberlegung zu urtheilen zog er den benachbarten Richter zu Rath, und beide entschieden, daß die zehn Brüder und der älteste Sohn ihres Nachbars die zwei Stücke Landes, die sie alle mit einander besizen sollten, mit Beobachtung der Gleichheit unter sich zu vertheilen hätten. Diese Entscheidung erhielt die Kraft eines Gesezes; und es wurde verordnet, daß, wenn ein Stück Landes durch den Tod eines Mirmidonen ohne Besizer bliebe, derjenige von seinen Nachbarn es erhalten sollte, der die meisten Kinder hätte, und daß, wenn ein Mirmidone nur einen oder zwei Söhne, ein andrer aber zu gleicher Zeit eine große Anzahl hinterlassen würde, ihre nachgelassenen Güter nur eine Masse ausmachen und unter beider Erben sollten vertheilt werden. In einem solchen Fall stand es dem Richter zu die Theilung vorzunehmen. In kurzer Zeit fanden sich die Richter mit Vertheilungen sowol als mit Entscheidung andrer Streitigkeiten, die sich in ihrem Bezirk erhoben, so beschäfftigt,

C daß

daß sie keine Zeit mehr für die Jagd noch für das Einsammeln ihrer Früchte übrig behielten. Die Mirmidonen zogen den kummervollen und dürftigen Zustand in Betrachtung, zu welchem das Richteramt diejenigen brachte welche es bekleideten; und es wurde durch einen allgemeinen Schluß verordnet, daß ihnen, so oft sie eine Theilung würden zu machen oder ein Urtheil zu sprechen haben, ein Fell oder eine gewisse Menge von Früchten sollte gegeben werden, nachdem sie mehr oder weniger Zeit auf die Untersuchung jeder Sache würden verwenden müssen.

Der Vortheil, den die Richter aus ihren Amtsverrichtungen zogen, reizte sie anfänglich nicht die Rechtsstreitigkeiten zu verlängern, noch ihre Vervielfältigung zu wünschen. Sie fanden sich von der ungeheuren Menge von Fellen, die ihnen gegeben wurden, überhäuft; und sie wußten den zu großen Ueberfluß von Früchten, welche sie von allen Seiten her erhielten, nicht anzuwenden.

Derjenige von ihnen, der in zwei sehr reichen Bezirken das Richteramt verwaltete, hatte

hatte am meisten übrig. Er vertheilte es unter seine Nachbarn. Einige bekamen Geschmack an diesen Geschenken, welche ihre Weichlichkeit und ihren Müßiggang begünstigten. In der Hofnung alle Jahre ähnliche Beihülfen zu erhalten, versäumten sie den Landbau und die Jagd. Um bei der Austheilung der Geschenke des Richters immer ihr Gewisses zu haben, widmeten sie sich gänzlich seinem Dienste. Zu jeder Zeit beeiferten sie sich ihm Beweise von Ehrerbietung und Unterwürfigkeit zu geben. Sie folgten ihm, wenn er sich entfernte, begleiteten ihn in seine Hütte, und dienten ihm blindlings in allem, was er für gut fand ihnen vorzuschreiben. Der Richter wußte ihnen Dank für diese Willfährigkeit und für diese fortgesezte Aufwartung. Er bemühte sich, diese Beweise von Ergebenheit durch neue Geschenke zu verdienen. Bald ging er nicht mehr anders als von zahlreichen Begleitern umgeben; seine Hütte, von den übrigen durch drei Weidenzerten ausgezeichnet, die auf ihrem Gipfel

schwank-

schwankten, ward der Sammelplaz der
Niederträchtigkeit und der Schmeichelei.
Seine Amtsverrichtungen, die ihm aufer:
legt waren, um den Unterdrückten wegen
der von dem Stärkern erlittenen Beleidi:
gungen zu trösten, wurden bald durch die
fürchterlichen Umstände, womit er sie zu
begleiten wußte, schrecklich; und oft führten
Gewalt, Bestechung und Ungerechtigkeit
den Vorsiz bei diesen Urtheilen, deren Ge:
lindigkeit und Mäßigung vordem die Weis:
heit der Mirmidonen hatten bewundern
lassen.

Diese gefährlichen Neuerungen wurden
bald von den übrigen Richtern nachgemacht.
Eine immer zahlreiche Gesellschaft ward zu
einem der richterlichen Würde zuständigen
Unterscheidungszeichen. Allein die Nation
hatte noch einen kostbaren Theil seiner ur:
sprünglichen Unschuld bewahrt, und es war
schwer, bei ihr so viele Höflinge zu finden, als
jene gern angeworben hätten. Zufrieden mit
ihrem Schicksal, ohne Bedürfnisse, mit

einer

einer Anhänglichkeit an ihren Geburtsort und ihre Familie, konnten die glücklichen Mirmidonen nicht begreifen, was es für ein Vergnügen geben könnte, einem andern Menschen zu folgen, und sich von ihm abhängig zu machen. Bald aber merkten sie, daß die Richter sich ganz anders gegen diejenigen betrugen, die ihnen zugethan waren, oder ihre Kinder hinschickten um ihnen aufzuwarten, als diejenigen, welche in ihren Hütten blieben, ohne sich um ihre Gunst zu bekümmern. Die Händel der erstern wurden weit geschwinder entschieden, und selten verloren sie die Streitigkeiten, die sie vor ihren Richterstuhl brachten. Diese Bemerkung brachte die übrigen gegen ihre Richter auf. Sie verjagten sie auf eine schimpfliche Art, um andere an ihre Stelle zu sezen, und es wurde einmüthig beschlossen, sie bei künftigen Entscheidungen nicht weiter zu befragen.

Die verbannten Richter wurden durch eine solche Behandlung erbittert. Ihr bis‑
heriges

heriges Amt hatte sie an Trägheit, Fahrläßigkeit und eine Art von Herrschaft gewöhnt, deren Verlust ihnen empfindlich war. Sie wollten die neuen Richter mißhandeln, und foderten die Genossen, welche sie sich durch Geschenke verbindlich gemacht hatten, zur Rache auf. Aber da die Quelle der Wohlthaten, wodurch sie waren angezogen worden, verstegt war, so wollte niemand sich der Gefahr aussezen, armer und mit dem öffentlichen Unwillen beladner Herren wegen, sich das Mißfallen des Volks zuzuziehen. Die einen statteten den neuen Richtern ihre Besuche ab; die andern verfluchten den Augenblick, da sie ihr Strohdach verlassen hatten, um ein frembes zu ihrem Aufenthalt zu wählen, und kehrten in ihre Familie zurück. Diese hatten Ursache, über ihren Entschluß zufrieden zu sein. Denn die andern, von den neuen Magistraten abgewiesen, vom Volke verhönt, den Haß derjenigen bloßgestellt, in deren Angelegenheiten sie zu Verräthern geworden waren, zogen sich, mit Schande und sind Verwünschungen überhäuft, zurück. Umsonst bemühten sie sich der Nation vorzustellen, daß die richterliche Würde, von demjenigen entblößt, was sie furchtbar macht, vom Volk würde erniedrigt und von den Partheien verachtet werden. Diese Sophisterei diente nur dazu den öffentlichen Haß gegen diese Verräther wieder anzufachen. Der Gebrauch Begleitungen zu haben wurde in dem ganze Lande der Mirmidonen abgeschafft. Die Richter, auf nichts eifersüchtig als sich Einsichten zu erwerben, und gegen alle so gerecht als redlich zu handeln, waren in ihren Amtsverrichtungen und in ihrem Anstande sehr simpel; und seitdem wurde die Gerechtigkeit weit besser verwaltet, und ihre Aussprüche werden pünktlich in Ausübung gebracht. Eine Wahrnehmung welche von der Wichtigkeit und Nothwendigkeit dieser Verbesserung Zeugniß gibt.

E 4 Zwei

Zweites Kapitel.

Ankunft des Philosophen Pantomitul bei den Mirmidonen.

Die glücklichen Mirmidonen, sich selbst gelassen, und ohne Kenntniß von dem Zustande der Verderbniß und Dürftigkeit in welchem der schönste Theil der Erde seufzte, genossen ruhig aller Geschenke der Natur, als sie ein Thier ankommen sahen, welches sie nach seinem Gesichte von einem Menschen nicht sehr verschieden glaubten. Es hatte übrigens nichts mit dem ähnliches, was den Mirmidonen bis dahin zu Gesicht gekommen war. Es war ein Atalante, den seine Landsleute weise nannten, der sich selbst den Namen eines Liebhabers der Weisheit gab, und den die Mirmidonen für einen starken Trinker hielten, weil er beständig so rásonnirte, wie sie selbst redeten, wenn sie getrunken hatten. Er hatte sich bei der allgemeinen Zerstörung seines Vaterlandes,

landes, der Insel Atlantis, gerettet, welche durch ein heftiges Erdbeben versenkt war, und hatte das Gelübde gethan, alle Gegenden des Erdballs, die ihm nur zuträglich sein würden, zu durchreisen, um die Menschen von ihren Pflichten zu belehren, und sie zur Fahne der Philosophie schwören zu lassen.

Dieser Mann hieß Pantomitul, und und hatte in seinem Lande die Stelle eines Oberpriesters bekleidet. Er untersuchte mit der größesten Aufmerksamkeit die Lebensart der Mirmidonen. Er lernte in kurzer Zeit ihre Sprache verstehen. Da erst überzeugten sie sich völlig, daß dieser sonderbare Mann ein Mensch wäre wie sie. Der Tod eines Mirmidonen hatte so eben ein Stück Landes ledig gelassen. Es wurde ihm angeboten in der Meinung, daß er eine gewisse Versorgung suchte. Er schlug sie, zum großen Erstaunen der Mirmidonen aus. Sie dachten, dieser Mann müßte der Genosse irgend eines Richters gewesen und von der Arbeit entwöhnt sein. Eben waren sie im Begriff ihn wegzujagen, als er zu verstehen gab, er wäre bloß in das Land gekommen, um zu dem Glück der Einwohner etwas beizutragen. „Wie das! „schrien alle Mirmidonen unter einander, „wirst du machen, daß es auf die Erde „regne, ohne auf uns zu regnen? Wirst „du die Strenge des Winters lindern? „Wirst du machen, daß die Sonne unsre „Früchte zur Reife bringe, ohne unsere „Gesichter zu verbrennen?„ Nichts von alle dem, erwiederte ernsthaft der Philosoph; „Die Gottheit selbst würde euer Verlangen „nicht erfüllen können. Ich komme euch „von dem zu unterrichten, was dem Men„schen zu wissen wesentlich nöthig ist, von „dem, was die Quelle seines Glücks aus„macht, und worinn niemand unwissend „sein darf, ohne in seiner Seele eine Leere „zu fühlen, wodurch sie herabgewürdigt „und erniedrigt wird. Ich komme, um „den Schleier zu zerreissen, der euren Au„gen den Ursprung der Dinge, der ihnen

„das

„das Gewebe der Begebenheiten, die in
„der Welt, seitdem sie da ist, geschehen
„sind, der ihnen den wahren Dienst, wel-
„chen ihr der Gottheit leisten müsset, ver-
„birgt. Alle diese Gegenstände sind ohne
„Zweifel von der äußersten Wichtigkeit, und
„wehe dem Volke, dem sie unbekannt sind.
„Ernennt also eine gewisse Anzahl von euren
„obrigkeitlichen Personen, denen ich so
„große Geheimnisse anvertrauen könne;
„denn der gemeine Haufen, der gemeinig-
„lich unbesonnen, muthwillig, ja oft wü-
„tend ist, findet nicht leicht an den heilsa-
„men Lehren der Philosophie Geschmack,
„wenn sie ihm nicht unter der Hülle der Alle-
„gorie vorgetragen werden. Eure Richter,
„durch mich von demjenigen belehrt, was
„dem Menschen wesentlich nöthig ist zu
„wissen, werden euch in euren besondern
„Versammlungen meinen gegebenen Unter-
„richt mittheilen; und ich darf kühn versi-
„chern, daß ihre Aussprüche bald das Ge-
„präge der Weisheit an sich tragen werden,
„deren Schäze ich ihnen eröffnen will.„

Die

Die offenherzige und leutselige Gemüthsart der Mirmidonen, das blinde Zutrauen welches sie schon zu der anscheinenden Aufrichtigkeit dieses Fremden gefaßt hatten, alles brachte sie dahin seinen Vorschlag anzunehmen. Sie ernennten drei Richter des Landes, welche den Auftrag erhielten den Philosophen zu hören, und aus seinem Munde die Orakel zu vernehmen, welche, nach seiner Versicherung, ihre Wolfahrt befördern sollten. Pantomitul, sehr vergnügt, daß er nicht gezwungen war, seine Wissenschaft vor den Ohren des ungeweiheten Volks zu offenbaren, fing nun also zu den drei Obrigkeitspersonen an:

„O ihr, die ihr die Witwe und das „elternlose Kind beschützt! höchste Richter „der Nation der Mirmidonen, vernehmt „die Stimme eines Weisen, der die schön„sten Tage seines Lebens der Aufklärung „der Sterblichen gewidmet hat. Es war „eine Zeit, da die Erde, eingehüllt in die „Schreckniße des Nichts, dieser Menge von „Thieren,

„Thieren, welche sie jezt ernährt, noch
„keinen sichern Aufenthalt darbot. Das
„höchste Wesen, der große Patolipatan,
„zog sie aus diesem fürchterlichen Chaos
„hervor, und hängte sie in freier Luft auf,
„gestüzt auf den Kopf eines Elephanten.
„Die Menschen, die Gott bildete, um sie
„zu bewohnen, lebten lange in einer voll-
„kommenen Heiligkeit. Bei sanften Sit-
„ten, einem gefühlvollen Herzen, und ei-
„nem ausserordentlich aufgeklärten Verstan-
„de, hatten sie die Gabe der Weissagung,
„und besaßen außerdem übernatürliche und
„wunderthätige Kräfte. Die Erde, deren
„Fruchtbarkeit bewundernswürdig war,
„brachte eine honigsüße Pflanze hervor.
„Ein gefräßiger Mensch kam, und kostete
„davon, und rühmte so sehr ihren Geschmack,
„daß er den übrigen Menschen Lust machte
„auch davon zu essen. Von der Zeit an verlor
„sich die Heiligkeit von der Erde. Die
„übernatürlichen und wunderthätigen Kräfte
„der Sterblichen, die Länge ihres Lebens
„und ihre körperliche Größe nahmen ab, und
„die

„die Welt muſte lange in Finſterniß leben,
„bis die Sonne und die übrigen Geſtirne
„wieder erſchienen, um ihr Licht auf die
„erſchrockene Erde zu verbreiten. Wäh-
„rend dieſer Zwiſchenzeit nahm das Alter
„der Menſchen, ihre körperliche Stärke
„und ihre Tugend noch mehr ab. Endlich
„verſchwand die Tugend, vom Laſter ver-
„jagt, gänzlich; und an ihrer Stelle er-
„ſchienen Ehebruch, Mord, Ungerechtigkeit,
„und alle die andern Arten von Uebeltha-
„ten, die jezt das menſchliche Geſchlecht
„entehren. Dieſer Zeitraum bekam die Be-
„nennung des eiſernen Weltalters, wie
„der vorhergehende das ſilberne war ge-
„nannt worden. Die drei Zeiträume zu-
„ſammengenommen, währten dreihundert
„und dreitauſend zweihundert und fünf
Jahre. *). „Aus

Anmerk. Dieſe Theogonie findet ſich Wort für Wort in dem Sind-Hind der Sineſen. Sollte vielleicht dieſes Volk von der Inſel Atlantis her kommen?
Die Herausgeberin.

„Aus dieser allgemeinen Quelle von
„Verdorbenheit ging ein gerechter Mann
„aus, der die Bosheit floh, die die Erde
„befleckte, und auf der Insel Atlantis sei-
„nen Aufenthalt nahm. Dieser Weise,
„dessen Andenken dem ganzen Erdkreis im-
„mer theuer sein wird, nennte sich Kullbato.
„Begleitet von einer kleinen Anzahl von
„Freunden, die er aus denjenigen von seinen
„Landsleuten ausgewählt hatte, welche am
„wenigsten verderbt waren, errichtete er
„in dem Lande, das ihm zur Zuflucht
„diente ein kleines Königreich. Die Insel
„war damals nur von einer Familie be-
„wohnt, deren Oberhaupt Granganer,
„ein aus den Eingeweiden der Erde her-
„vorgegangner Riese war. Dieser Fürst
„hatte nur vor kurzem seine Gemahlin Fa-
„tigambis verloren, welche vom Bliz war
„erschlagen worden, indem sie unter einem
„Palmbaum ruhte, und lebte nun mit sei-
„ner Tochter, der schönen Mollguruh, bis
„der Tod den Faden seines Lebens zerreissen
„würde. Kulitabo, unterrichtet, daß Gran-
„ganer

„ganor sich am Fuße eines Berges in dem
„mittlern Theil der Insel aufhielt, faßte
„den Entschluß sich zu ihm zu begeben, und
„ihn um seine Freundschaft und die Erlaub-
„niß eines beständigen Aufenthalts auf
„seiner Insel zu bitten. Granganor, der
„sich schmeichelte, in dem fremden Prinzen
„einen Gemahl zu finden, den er für seine
„Tochter suchte, und den ihn das Orakel
„seit langer Zeit schon hoffen ließ, nahm
„ihn in seinen Pallast mit allen den Be-
„weisen von Hochachtung und Freund-
„schaft auf, die er einem so ansehnlichen
„Gast schuldig zu sein glaubte. Er ließ ein
„prächtiges Gastmahl anrichten, wo die
„zärtliche Mobiguruh, um die Treue, welche
„die beiden Könige einander zugesagt hat-
„ten, zu befestigen, Kulibato zum Gemahl
„annahm. Aus dieser Ehe, welche unter sol-
„chen Umständen geschlossen war, die nichts
„als glückliche Folgen für die Zukunft er-
„warten ließen *), wurden drei Kinder
„gebohr

Anmerk. Sous les plus heureux auspices. Sollte

„gebohren, deren Namen in den Zeitbü-
„chern der Unsterblichkeit auf immer berühmt
„sein werden. Der eine durchstrich die
„Wälder, grif beständig die Löwen, Tiger
„und die übrigen reissenden Thiere an,
„und kam nie anders, als mit den ihnen
„abgestreiften Häuten beladen, nach seines
„Vaters Pallast zurück. Der andre, ein
„Freund des Friedens und der Ordnung,
„beschäfftigte sich bloß dem Volke Gerechtig-
„keit zu verschaffen, und unter den Familien
„Einigkeit zu stiften. Der dritte endlich,
„der vermuthliche Thronerbe, beredete sich
„mit einer kleinen Anzahl von Freunden
„über die Mittel, seine Unterthanen der-
„einst glücklich zu machen; und der Entwurf
„den

Sollte es nicht rathsam sein, diesen Ausdruck wörtlich übersezt in unsre Sprache
aufzunehmen, unter den glücklichsten
Auspizien? Ich habe ihn, wo ich nicht
irre, schon von guten Schriftstellern so
gebraucht gefunden. Der Uebers.

D

„den dieser gute Prinz im Schoße der
„Freundschaft machte, war in der That,
„während seiner Regierung, die Quelle der
„Glückseligkeit, deren die Atalanten ge-
„nossen."

„Kulitabo war so glücklich, ehe er starb,
„die politische und bürgerliche Verfassung
„seines Staats fest zu gründen. Weise
„Geseze, welche die vereinigten Stimmen
„der Nation zur Quelle hatten, und denen
„das Siegel der ihm anvertrauten Gewalt
„aufgedrückt wurde, waren die ersten Früchte
„seiner Regierung. Er vertheilte die ganze
„Insel Atlantis in Provinzen, denen er
„weise, aus den tugendhaftesten Bürgern
„genommene Aufseher vorsezte. Diese
„Staatsbedienten unterhielten einen beständ-
„digen Briefwechsel mit dem Könige, und
„berichteten ihn von allem, was in ihren
„Bezirken vorging. Die Schäze des
„Staats, die Erhaltung der öffentlichen
„Ruhe, die Güter des Prinzen, waren
„die Gegenstände ihrer Verwaltung. Die
„Ange-

„Angelegenheiten des Kriegs, das heißt,
„alles dasjenige was die Vorsichtsmittel
„betreffen konnte, welche die Regierung
„gegen die Einfälle der Fremden anzuwen-
„den hatte, wurden besondern Staatsbe-
„dienten aufgetragen, denen, wegen ihrer
„durch lange Erfahrung zur völligen Reife
„gekommnen Klugheit, ein so wichtiger
„Theil der öffentlichen Verwaltung durfte
„anvertraut werden. Die Religion, die
„überall das Glück der Staaten und das
„geheiligte Band ausmachte, welches den
„Monarchen an seine Unterthanen knüpft,
„nahm unter Kulitabos Regierung eine
„blendende und majestätische Form an.
„Jene Menge von unanständigen Kleinig-
„keiten, durch welche sie war erniedrigt
„worden, jene Kindereien, welche ein fal-
„scher Eifer in die Religionen seines ursprüng-
„lichen Vaterlandes eingeführt hatte, wur-
„den aus dem geheiligten Gesezbuche wegge-
„lassen, welches er bekannt machte. Ein
„Gott, eine unsterbliche Seele, Belohnun-
„gen und Strafen in einem andern Leben,

„das

„das machte den Grund derselben aus: und
„um dieser Religion in den Augen des
„Volks mehr Achtung zu verschaffen, gab
„er ihr ein Aeusserliches, wodurch sie Ehr-
„furcht gebot, indem er gewisse Ceremonien
„vorschrieb, die fähig waren, durch ihren
„Glanz die Augen des Volks zu blenden."

Bei diesen Worten unterbrachen ihn
die Richter, und baten ihn, daß er ihnen
eine Idee, über die er sehr hurtig hingegan-
gen war, entwickeln möchte. Sie glaubten
ohne Zweifel das Dasein eines Gottes; und
dieser Lehrsaz ist so allgemein in allen Gegenden der Erde angenommen, daß man sie
für blödsinnig halten müßte, wenn man
ihre Orthodoxie über diesen Punkt in Ver-
dacht haben wollte. Indessen, da ihnen der
weise Pantomimul von dieser Materie weit
besser unterrichtet zu sein schien, als es einer
von ihnen sein konnte, so baten sie ihn, sich
über die Natur des Gottes, von dem er
geredet hatte, deutlich zu erklären. „Gott,
„sagte er, ist ein unkörperliches, denkendes
„und

„und ewiges Wesen.„ Diese Antwort befriedigte eben so wenig die Abgeordneten der Mirmidonen. Bei dem Ausdruck ewig riefen sie einmüthig aus, der Fremde sei ein Träumer, er drücke sich unverständlich aus, und er müsse aus dem Dorfe weggejagt werden. Um ihnen seine Idee begreiflich zu machen, ließ der Philosoph sie bemerken, daß, wenn sie einen Stein würfen, ihr Wille, diese Handlung vorzunehmen, seinen Sitz nicht in dem Arm hätte, der sie ausführte; daß wenn sie auf die Jagd gehen wollten, in der sichern Hofnung Felle zu ihrer Kleidung nach Hause zu bringen, ihr Körper weder an diesem Entschluß, noch an dieser Hofnung Theil hätte. Hieraus schloß er, es müßten zwei sehr verschiedne Dinge im Menschen sein, der Theil, der will, und der Theil, der ausführt. Der erste, fügte er hinzu, sei das, was er Seele oder unkörperliches denkendes Wesen nenne, und durch dieses Wesen sein die Menschen der Gottheit ähnlich; allein, an statt daß die Menschen durch Hülfe ihres Körpers handeln,

deln, wirke Gott durch die Elemente, deren Seele er sei. „Daher, fuhr er fort, haben „alle Völker des Erdbodens, selbst die wei„sen Atalanten, viele solcher göttlichen We„sen erdacht, die sie der Bewegung der „Elemente, und der Gestirne die über „unsern Häuptern rollen, vorsezten. So „ist, nach der Theogonie meiner Lands„leute, Amiskopas die Seele der Sonne, „und diese Untergottheit wirkt die aus die„ser brennenden Kugel ausgehenden Stra„len. Assoran, die Seele der Luft, zieht „die Nebel zum Himmel auf, um sie in „Wolken umzubilden, und läßt den Don„ner krachen."

Diese Metaphysik, von der die Mirmidonen noch nie hatten reden hören, ließ ihre Abgeordneten unbefriedigt. Eine solche Sophisterei, riefen sie aus, weit entfernt sie von dem ewigen Dasein Gottes zu überzeugen, würde nur in ihrer Seele diese wichtige Wahrheit verdunkeln, wenn Gott selbst sie nicht auf eine weit verständlichere Weise

Weise dem Herzen aller Menschen eingegraben hätte. Indessen, um nicht über der Entwickelung eines Geheimnisses, welches man nur glauben darf ohne es ergründen zu wollen, eine kostbare Zeit zu verlieren, ersuchten sie den Philosophen in seiner Erzählung fortzufahren. Darauf machte er ihnen einen Abriß von seinen und seiner Landsleute Glaubensmeinungen über die Unsterblichkeit der Seele, über die Strafen und Belohnungen eines andern Lebens, über die Natur und die Macht jener Untergottheiten, womit in den jüngern Zeiten die Atalanten Himmel und Erde bevölkerten, und über einige andre eben so unwichtige Gegenstände, welche der berühmte Kulstabo zu den vorgeschriebnen Lehrmeinungen hinzusezte. Die Abgeordneten der Mirmidonen hörten die meisten Dinge, welche Pantomitul ihnen vorschwazte, mit desto größerer Aufmerksamkeit an, weil er mit vieler Hize und Heftigkeit redete; aber sie brachen in ein fürchterliches Geschrei aus, als er auf die ungeheure Menge von Kleinigkeiten kam, die er als nothwendige Stücke des Gottesdienstes ansah, zum Beispiel, die Orakel, die Wallfahrten *), und die verschiednen Verdrehungen des Körpers. Besonders konnten sie sich nicht halten, als er ihnen die Strafen schilderte, die denjenigen aufbehalten sein sollten, welche die die den Menschen von dem höchsten Wesen gegebnen Gebote nicht beobachten würden. Glücklicher Weise hatte er die Aufmerksamkeit gehabt, sie

*) **Anmerk.** Die Verordnungen vom Monat August 1671, vom 15ten November 1717, und vom 1sten August 1738 verbieten ausser dem Königreiche Frankreich zu wallfahrten, namentlich nach Rom, nach unsrer lieben Frauen zu Loretto, und nach St. Jakob in Gallicien, wenn anders der Wallfahrer nicht vorher eine Erlaubniß vom Bischofe erhalten hat, oder sich einem ausserordentlichen gerichtlichen Verfahren aussezen will. Wir fangen an eben so vernünftig zu denken als die Mirmidonen. **Die Herausgeberin.**

sie nur mit einigen leichten Bestrafungen zu bedrohen, und ihnen die entsezlichen Martern zu verschweigen, welche Paugiras und Argirophon, als andre Sisyphen in der Hölle erdulden. So irrte dieses edeldenkende Volk; es konnte nicht glauben, daß ein gütiger und erbarmungsvoller Gott eine ewige Rache an Seelen ausüben sollte, deren Verbrechen, obgleich von traurigen Wirkungen für die Erde, doch nur vorübergehend gewesen waren.

Als sie von ihrem ersten Erstaunen wieder zu sich gekommen waren, so fragten sie ihn, was sie zu thun hätten, um die Gottheit zu ehren. „Ihr gehorsam zu sein, „sagte der Philosoph, ihr eine Verehrung „zu bezeugen, die ihrer Macht würdig ist, „indem ihr zu seinem Dienste einen Theil der „Tage anwendet, die er euch geschenkt hat, „und erhält.„ Dann erklärte er ihnen genauer, worinn der Dienst bestehen müste, den er ihnen vorschrieb, und vorzüglich, was für Opfer dem höchsten Wesen angenehm wären.

wären. Dieses lezte Stück schien ihm so wichtig, daß er seinen drei Zuhörern ganz ausdrücklich anbefahl, die Kenntniß desselben für sich allein und für ihre Kinder aufzubewahren.

Dies ist der Hauptinhalt dessen, was Pantomitul den drei Abgesandten in seiner Unterredung mit ihnen eröffnete. Diese drei Magistrate hatten freilich versprochen, diese Geheimnisse nicht anders als mit der größesten Vorsichtigkeit bekannt zu machen. Der Artikel von den Opfern sollte vorzüglich ihre Verschwiegenheit üben; aber kaum war der Philosoph fort, als sie vor einer allgemeinen Versammlung, die sie deswegen zusammenberiefen, alles offenbarten, was er ihnen gesagt hatte. Wir halten uns nicht für besser als euch, so sagten sie mit jener Freimüthigkeit, welche von der Tugend eingeflößt wird. Die Gottheit hat uns nicht auf eine mehr ausgezeichnete Weise geboren werden lassen, als den geringsten unter den Mirmidonen; und wenn wir Richter der

Nation

Nation sind, so haben wir diese Würde von euch erhalten. Dieser Fremdling hat uns ohne Zweifel durch das, was er uns anvertraute, und was er, dem Anscheine nach, für so wichtig hält, hintergehen oder verführen wollen; aber wir glauben euch alles, was er uns gesagt hat, mittheilen zu müssen. Hierauf erzählten sie der Versammlung die Vorschriften, die ihnen Pantomitul über die geheimnißvolle Art zu opfern und Orakelssprüche zu geben ertheilt hatte. Der größeste Theil dieser vorgegebenen Glaubenssäze kam ihnen lächerlich vor; und sie vermutheten, daß dieser Fremdling zu Hause ein Geheimniß von solchen Kleinigkeiten machte, um sich bei dem Volk Ansehn zu erwerben und sich unentberlich zu machen. Sie dachten ferner über den Grund des Gottesdienstes selbst nach, dessen Einführung er ihnen gerathen hatte, und fanden ihn seiner ursprünglichen Einfalt beraubt, Gott eben so unnüz, als den Menschen beschwerlich. Von allem was der Philosoph gesagt hatte, fanden sie nichts annehmenswürdiges, als seine Erklä-

rung

rung von der Seele und dem Wesen der Gottheit. Jeder hörte mit Vergnügen, daß die Bewohner der Insel Atlantis, sowol wie die von Mirmidonien, überzeugt wären, daß der edelste Theil von uns selbst sich nicht vom Körper trennt, als um in einen glücklichern Zustand überzugehen, oder einen verklärten Körper anzunehmen. Sie glaubten leicht, daß die Sonne und die Sterne von denkenden Wesen belebt wären, weil sie sich bewegten, und weit glänzender als die übrigen Körper erschienen. Verschiedne Greise waren, bey ihrem Nachsinnen über die Fruchtbarkeit der Erde, schon auf die Vermuthung gekommen, es möchte wol Wesen geben, die über ihnen erhaben, und weit mächtiger wären, von denen die ganze Natur abhienge.

Drittes

Drittes Kapitel.
Ankunft der Puligenen auf der Insel der Mirmidonen.

So durchwanderte der Philosoph den ganzen Erdboden, um die Menschen zu den Geheimnissen der Weisheit einzuweihen und von ihren Pflichten zu belehren. Er war nicht so bald in Bolabola einer von Mirmidonien einige hundert Meilen entfernten Insel angekommen, als er Nachricht von demjenigen gab, was er daselbst gesehen hatte. Nach dem, was er von der sanften Gemüthsart der Mirmidonen und der Fruchtbarkeit ihres Landes sagte, beschlossen die Puligenen, die vornehmsten Bewohner von Bolabola, eine Kolonie dahin zu senden. Bald lag die Flotte, welche die neuen Pflanzbürger mit allen zur Anlegung ihres Wohnsizes nothwendigen Sachen überbringen sollte, fertig; und sie langte gegen das Ende

Weise ihre Feinde durchbohrten, und alle diejenigen zu durchbohren dächten, die den Mirmidonen würden schaden wollen, fühlten sie eine Freude, die mit Unruhe vermischt war. Sie konnten sich kein Glück darüber wünschen, daß das höchste Wesen ihnen solche Vertheidiger zugesendet hatte, ohne auf die Ueberlegenheit eifersüchtig zu sein, welche ihre zum Angriff und zur Vertheidigung geschickten Waffen denselben über sie verschafften.

Ihre Furcht hörte auf, als die Puligenen ihnen versprachen, daß sie ihnen für die Früchte, welche sie nach der neu angelegten Pflanzstadt zu bringen ersucht würden, ähnliche Waffen geben wollten. Sie begaben sich den folgenden Tag dahin. Aber wie groß war ihre Ueberraschung, als sie Thürme und Mauern sahen, dergleichen nach ihrer Meinung unmöglich von Menschenhänden könnten erbaut sein, und die indessen in keinem Stücke den Felsen und Bergen ähnlich waren, die sie bis dahin gesehen hatten!

Alles

Alles innerhalb dieser Mauern schien ihnen wunderbar; Häuser, Werkzeuge, Maschinen, Leinwand, wollene Zeuge, alles war ihnen neu. Sie hatten nicht so bald das erhalten, was jene für gut fanden, ihnen für die mitgebrachten Eßwaaren zu geben, als sie fortliefen um ihren Nachbarn alles, was sie gesehen hatten, zu erzählen. Die Neugier zog eine ungeheure Menge von Mirmidonen, die immer auf einander folgten, nach der Kolonie; aber sie kehrten fast alle so geschwinde zurück als sie hingekommen waren. Es kam ihnen vor als ob sie in diesen Mauren nur mit Mühe athmeten; sie suchten die Natur, und fanden sie, zu ihrer Betrübniß, nirgends. Selbst die Fluren umher hatten für sie ein scheußliches Ansehen. Lange Furchen machten das Erdreich ungleich, und der unter Erdschollen begrabne Rasen ließ den Augen nur den Anblick eines unangenehmen Grüns. Sie begriffen nicht in welcher Absicht sie ganze Fluren so entstellt hätten.

Das Haupt der Kolonie sah mit Verdruß, daß die Mirmidonen sich mit den Künstlern von Bolabola nicht bekannt machten. Er hatte darauf gerechnet, sich durch ihre Arbeit eben so viele nüzliche Unterthanen aus ihnen zu machen; er hatte sich sogar geschmeichelt sie zu Soldaten zu bilden. Aber ihre Gleichgültigkeit gegen alles, was sie von der Natur entfernte, war der Ausführung dieses Entwurfs wenig günstig. Bis dahin hatten die Mirmidonen nichts als Bogen und Pfeile gekauft, weil sie ihren Gebrauch auf der Jagd sehr bequem fanden. Er gab verschiednen unter ihnen Leinengeräthe und Stoffe, und lehrte sie deren Gebrauch. Nach und nach gewöhnten sie sich, dergleichen während dem Sommer zu tragen; und diejenigen, denen er nichts davon gegeben hatte, brachten einen Theil ihrer Früchte nach der Kolonie, um sie zu vertauschen. Mit Vergnügen erhielten sie Leinengeräthe und Stoffe dafür. Die ersten hatten in sehr kurzer Zeit die, welche ihnen waren gegeben worden, verbraucht, und verlangten

langten neue. Bald trugen alle Mirmidonen keine andre Kleidung als von Leinwand oder Wolle.

Indessen war es ihnen nicht möglich, sich bei demselbigen Vorrath von Waaren zu nähren und zu kleiden, der ihnen sonst hinlänglich gewesen war. Sie beklagten sich hierüber bei dem Befehlshaber der Puligenen; denn schon hingen sie in ihren Angelegenheiten von seiner Entscheidung ab. Er rieth ihnen, seine Landsleute nachzuahmen, und ihren Boden zu benützen, besonders wo er nicht von Bäumen und Hölzungen bedeckt war. Er gab ihnen zu Lehrern in der Kunst das Land zu bauen Puligenische Kolonisten, welche ihnen zeigten, wie sie das Feld pflügen, ihr Getreide säen und mahlen und Brod daraus backen müßten. Die Mirmidonen gaben einen beträchtlichen Theil ihrer Erndte hin, um ihre Lehrer zu bezahlen. Das übrige wurde angewandt Pflüge und Mühlen zu kaufen. Sie mußten Rinder und Pferde zähmen, deren Gebrauch

E 2 alle

alle Tage gemeiner und nothwendiger ward. Die Wiesen wurden zur Nahrung dieser Thiere angewandt; und weit entfernt, daß die Mirmidonen, um zu leben, weniger Land gebraucht hätten, als vorher, hatten sie jezt noch weit mehr nöthig. Sie lernten auch Hämmel zu ziehen und zu scheeren. Sie brachten die Wolle davon den Puliger nen, und tauschten dafür Stoffe von allerlei Art ein. Endlich wurde, obgleich mit vieler Mühe so viel über die Mirmidonen gewonnen, daß sie sich entschlossen Fleisch zu essen. Alle Tage nahmen sie wahr, daß sie bis dahin unglücklich gewesen waren, ohne sich solches nur einfallen zu lassen; allein die Bemühungen, die sie anwendeten es nicht mehr zu sein, vermehrten ihre Dürftigkeit. Niemand besaß Land genug, um seine Familie in Leinwand und Wolle zu kleiden und Brodt zu essen, um Pflugochsen zu unterhalten, um Rinder zu seiner Nahrung fett zu machen, um eine Heerde zu halten, um sich Pfeile, und alle die irdenen Geräthe, deren Gebrauch allgemein geworden war,

anzu-

anzuschaffen. Noch schlimmer war es, als die Mirmidonen gelernt hatten nicht mehr auf der Erde zu schlafen, nicht mehr unter einem Strohdach zu wohnen, und nicht mehr zu Fuß zu gehen. Da mußten sie unnüze Pferde unterhalten, die Wolle ihrer Hämmel zu Betten und Decken brauchen, Leinwand kaufen, Mäurer und Zimmerleute, und die übrigen Arbeiter, welche die Kolonie ihnen zuschickte, sehr theuer bezahlen. Von nun an sahe man arme unter den Mirmidonen; und viele von ihnen verheiratheten sich nicht, aus Besorgniß ihre Kinder möchten weder Fleisch essen, noch sich in Wolle kleiden können.

Noch gab es kein Beispiel, daß ein Mirmidone seine Ländereien verkauft hätte. Man hatte nie geglaubt, daß ein liegender Grund dessen Fruchtbarkeit unerschöpflich war, könnte geschäzt werden. Die Noth zwang einige, dem Besiz eines Stücks Landes zu entsagen, um sich einen reichlicheren Unterhalt zu verschaffen, als der war, den sie daraus zogen. Sie hatten schon gelernt sich des Goldes und Silbers zu bedienen, um eine gewisse Menge von Waaren vorzustellen. Diese Erfindung, welche sie den neuen Anbauern verdankten, erleichterte den Tausch. Aber noch war keine große Menge von diesen Metallen bei ihnen in Umlauf. Wenn sie einiges Geld von den Puligenen empfingen, denen sie Waaren verkauften, so legten sie einen Theil davon in Leinengeräth, in Werkzeugen und Tischgeschirr an; das übrige wurde zur Bezahlung der Maurer, der Zimmerleute und der Dachdecker angewandt. Kaum brachten sie einige Stücke Kupfer nach Hause.

Die Puligenischen Pflanzbürger bereicherten sich in kurzer Zeit auf eine erstaunliche Art. Sie kauften Güter in dem Lande der Mirmidonen, und bauten Palläste daselbst, bei denen sie prächtige Gärten anlegten. Hier machten sie großen Aufwand; aber wenn ihre Nachbarschaft viel Gold und Silber in Umlauf brachte, und dadurch das Land

Land bereicherte, so beraubte sie die Einwohner des nothwendigsten Unterhalts. Keiner fand mehr alles in seinem Hause was er bedurfte. Der eine bepflügte alles, was er an Land besaß, der andre verwandte alles zu Weiden; ein andrer legte Hölzung darauf an, noch anderer Güter bestanden in Weinbergen oder Baumgärten. Jeder Eigenthümer verkaufte das, was er nicht selbst verzehrte, und mit dem daraus gezogenen Gelde kaufte er sich das, was ihm fehlte. Aber dieses Geld reichte nicht immer zu; und dann mußte einer entweder desjenigen, was er nöthig hatte, entbehren, oder seine Ländereien verkaufen, oder seine Kinder, die ihm zur Last wurden, von sich schaffen, und sie zu den Puligenen schicken, um dort ein Handwerk zu lernen, oder bei einem von ihnen Dienste zu nehmen. Seitdem der Landbau so mühsam und kostbar geworden war, hatten die Mirmidonen das Gesez der Puligenen annehmen müssen, welches den Kindern männlichen Geschlechts alle von ihrem Vater besessene Güter versicherte.

Dieses Gesez ließ die, welche arm geworden waren, in Armuth, und bereicherte einige Personen bloß um sie in stand zu sezen uns nüzen Aufwand zu machen. Man kannte keine Gastfreiheit mehr, seitdem man bei vielem Gut dürftig war. Die Herzen verhärteten sich bei dem Unglück anderer, und nur der wurde für großmüthig gehalten, der den Arbeitern und den Kaufleuten der Kolonie viel Geld zuwendete. Die Puligenen, verschlagner als die Mirmidonen, bewiesen ihnen, daß der Aufwand das wahre Kennzeichen der Leute von Ehre sei; und da alle Mirmidonen Leute von Ehre sein wollten, so verthaten sie alle weit über ihr Vermögen.

Viertes

Viertes Kapitel.
Ankunft der Saginoten auf der Insel der Mirmidonen.

Unterdessen hatte eine Völkerschaft der Saginoten ihr Vaterland verlassen, wo ein undankbarer und unfruchtbarer Boden ihnen die ersten Bedürfnisse des Lebens versagte. Sie hatte eine furchtbare Flotte ausgerüstet, in der Absicht, die Südländer zu verheeren, und sich mit ihrer Beute zu bereichern; und schon bedrohete sie das Land der Mirmidonen. Kaum war der Pulígenische Befehlshaber davon benachrichtigt, als er unter einem ziemlich großen Gefolge das ganze Land durchzog. Er versammelte alle Einwohner, reiche und arme, und machte ihnen die Annäherung der Saginoten und die Gefahr die dem Staate drohte bekannt. Sie hörten ihn ruhig an, und erinnerten ihn darauf an das Versprechen, welches er

gethan hatte, die Nation zu vertheidigen.
Er antwortete, dies wäre auch sein Wille;
allein die Saginoten wären ein zahlreiches
Volk, voll Muth, und dem eine Handvoll
Puligenen nicht würde widerstehen können.
Darauf fing er an ihnen ein Gemählde von
dem mannichfaltigen Unglück zu machen,
dem ein unterjochtes Land ausgesezt ist.
Dies schien sie eben nicht zu rühren. Ich
nehme die Sorge auf mich, sezte der An-
führer der Puligenen hinzu, diejenigen
unter euch, die mir folgen wollen zu unterhalten und zu kleiden. Bei diesen Worten
erboten sich alle arme mit ihm zu gehen.
Die reichen kehrten nach ihren Häusern zurück.
Die neuen Soldaten erhielten Kleider und
Waffen; sie lernten sich derselben zu bedienen; und nachdem sie einige Tage waren
geübt worden, ging der Zug gegen die
Grenze. Bald waren sie dem Feinde nahe,
und es fingen leichte Gefechte an. Die
ersten Schüsse, die auf die Mirmidonen
geschahen, sezten alle die, welche von ihnen
konnten erreicht werden, in Schrecken; sie

nah-

nahmen die Flucht. Die übrigen wollten nicht vorrücken. Die Puligenen schlugen sich allein.

Als das Gefecht zu Ende war, ließ der Feldherr die Mirmidonen, welche die Flucht ergriffen, und diejenigen von den Puligenen, die gefochten hatten, versammeln. Diesen gab er Lobsprüche; darauf wendete er sich gegen die Flüchtlinge, und redete sie so an: „Feigherzige Bürger von „Mirmidonien; ihr, die ihr euch fürchtet „Menschenblut zu vergießen, geht hin, „nehmt von den Saginoten die Belohnung „eurer Menschlichkeit; nüzt die Gnade, die „ihr euch von ihnen versprecht; aber tragt „nicht weiter mit uns unnüze Waffen. Sie „würden bei euren neuen Freunden Miß„trauen erwecken. Gebt sie denen zurück, „die entschlossen sind, sich ihrer zu be„dienen. Und diese Kleider würdet ihr „ungern einem Heerführer verdanken wol„len, dessen Feinde ihr von jezt an sein „werdet. Laßt sie deyen, die sich für euch

„eures

„eures gegebnen Versprechens entlediget "werden." Zu gleicher Zeit ließ er ihnen ihre Waffen und Kleider nehmen, und denen von den Mirmidonen geben, die keine Gelegenheit zum Fliehen gehabt hatten. Darauf schickte er jene aus dem Lager weg.

Die Saginoten sahen nicht so bald diese unglücklichen auf der Ebne zerstreut, als sie auf sie zurennten. Sie behandelten sie auf eine grausame und schimpfliche Weise, machten einen Theil von ihnen nieder, und legten den übrigen Ketten an. Dies alles geschah vor dem Angesichte der andern Mirmidonen, denen der Feldherr der Puligenen dieses Schauspiel hatte geben wollen. Verdruß und Wut bemächtigten sich ihrer wechselsweise; aber es wurde ihnen nicht erlaubt, ihre Genossen zu rächen, ob sie es gleich mit lautem Geschrei verlangten. Die Puligenen hatten eine andre List ausgesonnen, um den Mirmidonen zu zeigen, was Krieg hieße, und welchen Folgen eine Nation ausgesezt wäre, die sich nicht zu vertheidigen wüßte.

müßte. Einer von ihnen ging als Ueberläufer in das Lager der Saginoten, und sagte ihnen, der Feldherr der Mirmidonen wäre entschlossen, sich in seinem Lager stille zu halten, und eine Verstärkung von Bolabola zu erwarten, weil die Erfahrung von dem vergangnen ihn gelehrt hätte, nicht auf die Mirmidonen zu rechnen. Er bot sich zu gleicher Zeit an ihnen zum Wegweiser zu dienen, und sie in eine Gegend zu führen, wo sie eine reiche Beute finden würden. Die Saginoten glaubten ihm, und vertrauten ihm die Anführung eines großen abgesonderten Theils ihres Heeres an, mit dem er hart vor dem Lager der Mirmidonen vorbeizog. Er führte sie in eine von ihren Landschaften, wo er alles mit Feuer und Schwerdt verwüstete. Die Mirmidonen sahen von weitem den Rauch von ihren in Brand gesteckten Häusern aufsteigen; und hieraus schlossen sie auf alle das entsezliche Elend, welches ihre unglücklichen Familien erfahren müßten. Einige Tage darauf sahen sie die Saginoten mit Beute bela-

belastet vorbeiziehn; und als sie im Gesichte des Lagers waren, stellte ihnen der Puligenische Ueberläufer vor, sie würden wol thun, wenn sie die Greise und Kinder, einen unnützen Haufen, der ihren Zug aufhielte, niedermachten. Die Saginoten folgten seinem Rath; aber, um zu zeigen, daß die Furcht vor dem Feinde an ihrer barbarischen That keinen Antheil hätte, nahten sie sich dem Lager, unter den Augen der Mirmidonen, welche auf ihre Verschanzungen herzu gelaufen waren. Sie ließen ihre Gefangnen alles empfinden, was die ausgelassenste thierische Grausamkeit sieghaften und wilden Soldaten einflößen kann. Die unglücklichen Mirmidonen sahen, der eine sein Weib, der andre seine Tochter, zwischen der Furcht vor der Schande und vor dem Tode, wiederstehen, bitten, und endlich unterliegen. Der Puligenische Feldherr war auf alle Bewegungen aufmerksam, welche dieses entsetzliche Schauspiel in dem Herzen der Mirmidonen hervorbrachte. Einige unter ihnen sezten über die Gräben um die Ehre ihres

Weibes

Weiber und ihrer Töchter zu vertheidigen; die andern verlangten mit großem Geschrei gegen den Feind geführt zu werden, und schwuren, daß sie bereit wären zu sterben oder zu siegen. „Was denkt ihr anzufan-
„gen? sagten ihnen die Puligenen: Diese
„Saginoten haben euch schon alles Uebel
„zugefügt, was sie euch zufügen konnten.
„Die entsezlichen und schimpfvollen Begeg-
„nungen, welche sie eben diejenigen von un-
„ren Landsleuten erfahren ließen, die in
„ihre Hände gefallen waren, sind traurige
„Vorboten der Uebel, die sie euch zubereiten,
„wenn ihr euch nicht in die Verfassung sezt,
„ihnen als tapfere Leute zu widerstehen.
„Nicht in einem unordentlichen Angriff wer-
„det ihr sie überwinden können; spart euch
„für eine bessere Gelegenheit auf. Alle
„Saginoten werden sich bald in Marsch
„sezen, um in euer Land zu bringen, und es
„von einem Ende bis zum andern zu verhee-
„ren. Dann müßt ihr gegen sie ziehen, und
„mit ihnen fechten. Wartet, bis unser Feld-
„herr uns durch weise Maßregeln und durch
„seine

„ seine vorzüglichen Einsichten wird in stand
„ gesezt haben zu überwinden. Die Gott=
„ heit begünstigt nur diejenigen Gefechte, bei
„ denen die Klugheit des Feldherrn und die
„ Folgsamkeit der Soldaten den Vorsiz
„ führen."

Indessen hatten die Mirmidonen, die aus dem Lager ausgebrochen waren, die Sa= ginoten wüthend angefallen. Das Bild ihrer vor ihren Augen schändlicher Weise niedergemachten Freunde schien ihnen zu fol= gen, und sie zur Rache anzufeuern. Der König der Saginoten, der von diesem plöz= lichen Ueberfall Nachricht erhalten hatte, fürchtete, daß seine Truppen von der Menge möchten überwältigt werden, und daß der Ueberläufer sie verrathen hätte. Er ließ sein Heer sich rüsten, und rückte an um sie zu befreien. Der Puligentische Feldherr glaubte, jezt wäre es Zeit den Muth seiner Soldaten zu prüfen. Er schickte ein großes Detaschement ab, um diejenigen von den Mirmidonen, die schon im Gefechte begriffen waren,

waren, zu unterstüzen; er stellte die übrigen auf einer Anhöhe in Schlachtordnung; so erwartete er den Angriff, und ging durch alle Glieder, und munterte die Mirmidonen auf sich tapfer zu halten. Sie antworteten alle durch ein oft wiederholtes Geschrei, welches ihre Ungeduld anzeigte. Bald ging das Gefecht an; durch die Menge der Saginoten ward es lang und hartnäckig. Aber endlich wurden sie in die Flucht geschlagen.

Die Mirmidonen kamen zum Lager zurück, und brachten, die einen ihre Verwundeten, die andern die Gefangnen, welche sie befreiet hatten, mit. Der Feldherr ertheilte ihnen allen große Lobsprüche. Die, welche sich durch irgend eine merkwürdige Handlung ausgezeichnet hatten, erhielten Kränze von Laub, schöne Waffen, und einen größern Antheil an der dem Feinde abgenommenen Beute. Die Verwundeten wurden mit vieler Sorgfalt verbunden, und es starben nur wenige davon. Die Todten wurden

wurden mit einem wirklich kriegerischen Pomp begraben. Die Reden, in denen ihr Andenken geheiliget wurde, die ihnen angethanen Ehrenbezeugungen, verbunden mit der Vorstellung, welche die Mirmidonen schon von einem andern Leben hatten, liessen den Siegern keinen andern Schmerz, als den sie darüber empfanden, daß ihnen nicht dasselbige Schicksal zu theil geworden war. Es wurde ihnen die Versicherung gegeben, daß, wenn irgend eine Art des Todes Gott angenehm wäre, und ein seliges Leben zur Folge haben müßte, solches kein andrer Tod sein könnte als der, dem man sich zur Vertheidigung des Vaterlandes aussezte. Seit diesem Augenblick waren die Mirmidonen nicht weniger muthig als die Pullgenen. Sie empfingen mit Entzücken die Preise, welche ihnen nach dem Siege zuerkannt wurden, und hatten alle das gleiche brennende Verlangen sie zu verdienen.

Fast alle Saginoten wurden während diesem Kriege ausgerottet. Die übrigen
nahmen

nahmen die Flucht, und der Puligenische Feldherr führte sein Heer, auf die Hälfte vermindert, zurück. Dies war eben keine Einladung für die übrigen Mirmidonen, das Kriegshandwerk zu ergreifen. Auch suchten die Puligenen keine Krieger aus ihnen zu machen. Ueberzeugt, daß nichts die Menschen mehr nöthigt, sich selbst gleich zu bleiben, als die Furcht mit denen vermengt zu werden, über welche sie sich schon durch ihre Tapferkeit glaubten emporgeschwungen zu haben, nahm sich der Feldherr wol in acht, die Krieger nicht mit den übrigen Einwohnern zu vermengen. Es würde nicht zu seinem Vortheil gewesen sein, wenn der Kriegsstand alle übrige Stände verschlungen hätte. Er entschloß sich ihn auf immer in der Familie derjenigen fortdauern zu lassen, welche schon kriegerische Gesinnungen angenommen hatten; und damit er sie bewegen möchte, sich zu verheirathen, tapfer zu fechten, und ihre Kinder zum Kriege zu erziehen, theilte er die Ländereien unter ihnen, welche er denen von ihren Mitbürgern genommen hatte, die nicht in den Krieg hatten gehen wollen. Allein er gestand ihnen diese Ländereien nur auf so lange zu, als sie oder ihre Nachkommen die Waffen tragen würden. Zu gleicher Zeit unterwarf er die übrigen Mirmidonen einem mehr schimpflichen als lästigen Tribut. Dies ausgenommen, fand sich zwischen den Kriegern und den friedlichen Bürgern kein Abstand, als der, den sie zwischen der Schande und der Ehre, zwischen der Feigheit und der Tapferkeit festsezten; und unter allen Mirmidonischen Kriegern würde sich nicht leicht einer gefunden haben, der, um einem gewissen Tode zu entgehen, über diesen Zwischenraum hätte wegschreiten wollen.

Allein es gab damals noch keine andre Schande als die, vor dem Feinde zu fliehen. Es wurde noch nicht für schimpflich gehalten, eine Beleidigung geduldig zu ertragen, und bescheidner und tugendhafter als sein Mitbürger zu sein. Es gab keinen Krieger, der nicht Sklaven gehabt hätte, die er als einen Theil seiner Familie ansah. Sie halfen ihrem

ihrem Herrn bei dem Anbau seiner Ländereien; und seine Abwesenheit that seinen häuslichen Angelegenheiten keinen Schaden. Liebe zum Vaterlande war ihre herrschende Leidenschaft. Je mehr Bequemlichkeiten sie im Frieden fanden, desto muthiger und unerschrockner zeigten sie sich im Kriege. Sie scheuten den Tod nicht, weil sie ihn als den Weg zum Ruhm, und als einen Uebergang zu einem bessern Leben ansahn. Diese Tugenden waren es, welche die Mirmidonen in stand sezten, den Farinagen, den Faluren, den Saginoten und den Noxosanen, die die Kühnheit gehabt hatten an ihrer Insel zu landen, mit glücklichem Erfolge zu widerstehen. Sie unterjochten sie endlich sogar, legten in den Gegenden, die sie sich unterworfen hatten, mächtige Pflanzörter an, und schickten im Kriege geübte Soldaten hin, welche, oft ohne alle fremde Hülfe, die Makaraten, die Fatimiten, die Pulipeten und andre wilde und seeräuberische, aber ausserordentlich tapfere Völker, zurückschlugen.

F 3   Fünf-

Fünftes Kapitel.
Umsturz des Mirmidonischen Staats.

So lange diese wolhabenden Bürger die Vertheidiger des Vaterlandes waren, breitete es sich auswärtig immer mehr aus und genoß in seinem Innern einer tiefen Ruhe. Innerliche Spaltungen konnten begüterten, tugendhaften Bürgern, und deren Wolstand an dem Glück ihres Vaterlandes hing, nicht nüzlich sein. Es waren nicht so bald arme und niedrige Leute zu Kriegsdiensten angenommen worden, als das Reich der Mirmidonen eine Beute bürgerlicher Kriege ward. Diese innerlichen Streitigkeiten, eine Frucht des Reichthums und des Müßigganges, endigten sich mit dem Untergange der Freiheit. Sie hatten das Joch der Puligenen abgeschüttelt, welche ihre Tirannen hatten sein wollen, nachdem sie ihre Vertheidiger gewesen waren. Sie fanden sogar das Geheimniß sie aus ihrer

Insel

Insel zu vertreiben, und sich aller ihrer Besitzungen zu bemächtigen. Sie waren damals noch wenig begütert. Nachdem sie mächtig und reich geworden waren, fanden sie sich nicht im stande, sich dem Joche zu entziehen, welches einer von ihren Mitbürgern ihnen auflegen wollte. Die Ursache davon? sie waren damals schon weniger tugendhaft. Seit der Zeit war es ihnen schon nicht mehr erlaubt es zu sein, weil ein tugendhafter Mann und ein Republikaner einerlei schien; eine dem Tirannen verhaßte Eigenschaft, der nur über Sklaven zu herrschen wünschte. Die Knechtschaft ward bald allgemein. Kein Bürger war Eigenthümer seiner angestammten Güter, nicht einmal seines Lebens. Es war kein Vaterland mehr. Die Gewalt oder der Geiz machte Soldaten. Man mußte eine Hälfte der Bürger berauben, um die andre zu bereichern. Man war gezwungen sie während dem Frieden übermüthig zu machen, um sie im Kriege tapfer zu finden. Es wurden ihnen beständige unterscheidende Vorzüge

F 4   bei-

beigelegt, und Würden für sie erdacht, welche fähig waren dem Volke Ehrfurcht zu gebieten. Vor allem, was nicht zum Kriegsstande gehörte, wurde ihnen Verachtung eingeflößt. Allein, überzeugt, daß sie so vieler Vortheile bloß deswegen genößen, weil man ihrer nöthig hatte, zeigten diese besoldeten Krieger nicht mehr Eifer für die Regierung, unter der sie lebten; und damit sie einen andern Herrn wünschten, durfte ihnen nur die Erhaltung ihrer Vorrechte, mehr bürgerliche Freiheit und Verminderung ihrer Strapazen versprochen werden. Dies war es auch, was der König der Fatimiten, einer handelnden Nation, welche damals die Insel Papoli bewohnte, ihnen antrug. Sie nahmen ihn mit seinen Unterthanen in die Provinzen auf, die sie vertheidigen sollten. Von dieser Nation als Landsleute angesehen, wurden sie zu gleichem Genuß der Freiheit unter den Königen derselben zugelassen, und theilten mit ihr die kriegerischen Würden und Beschäfftigungen. Die Krieger unter den Fatimiten und Mirmidonen waren

waren fast die einzigen Besizer der Ländereien, und diese Besizungen waren von allen Abgaben frei. Die übrigen mußten Tribut erlegen, so wie die Städte, welche zu bewohnen die Krieger für Schande hielten.

Die zinsbaren Mirmidonen, gezwungen ihren Unterhalt durch Handarbeiten und Kunstfleiß zu suchen, machten in den von den Puligenen erlernten Künsten große Fortschritte. Diejenigen unter ihnen, welche zur Einnahme der Auflagen bestellt waren, erwarben sich große Reichthümer, und fingen an gleiches Ansehen mit den Kriegern zu genießen, deren Schmuck sie bald nachher auch annahmen. Diese wurden durch die Hoffnung, bei der Austheilung des Geldes nicht vergessen zu werden, an den Hof gezogen. Sie machten vielen Aufwand, um diese Gunst zu verdienen, und erhielten nichts oder sehr wenig. Das Land war indessen nicht sehr bevölkert; die Krieger, welche wenig zahlreich waren, baueten nur

einen

einen Theil ihrer Ländereien an, und hatten Mühe, das was sie hervorbrachten, abzusezen. Der arme Bürger verheirathete sich nicht. Der unglückliche Landmann, durch Abgaben und Frohndienste gedrückt, erzog wenig Kinder. Fast alle etwas gesuchte Waaren, die im Lande verkauft wurden, kamen aus der Fremde, und zogen das wenige Geld aus dem Lande, welches sich noch daselbst fand. Einer von den Königen der Fatimiten kam auf den Gedanken, daß, wenn er diese Waaren auf der Insel selbst machen ließe, die dazu gebrauchten Arbeiter das Geld gewinnen würden, welches aus dem Lande ging; daß dieses Geld würde angewendet werden Waaren anzuschaffen, deren Abgang den Preis der Ländereien erhöhen und ihren bessern Anbau befördern würde; daß die Anzahl der Landleute, indem sie mehr Beschäfftigung erhielten, zunehmen müßte, indeß daß zu gleicher Zeit die Städte von Arbeitern würden bevölkert werden. Was der König vorhergesehn hatte, geschah. Aber zugleich geschah es auch, daß, da das Geld

sehr

sehr gemein ward, der Tribut, den das Volk den Kriegern bezahlte, und der ursprünglich die Miethe für ihre Ländereien war, sich auf nichts heruntergesezt fand. Die Einkünfte des Königs hingegen vergrößerten sich täglich mit dem immer zunehmenden Verbrauch; und um sein Werk dauerhaft zu machen, gab er das Beispiel eines großen Aufwandes. Die Nation, die schon der Affe des Hofes war, folgte diesem ansteckenden Beispiel; sie drängte sich fast ganz in die Hauptstadt zusammen, wo die Vergnügen unzählig und die Leidenschaften ohne Zügel waren. Dieser Koloß ward bald durch seinen Umfang, seinen Pracht und sein Getümmel fürchterlich. Dort verschwendete jeder sein Gut und das Gut seiner Nachkommenschaft. Nicht allein dem Könige suchte man nachzuahmen. Der Krieger, der sich durch einen aus dem Bürgerstande, den die Einnahme der königlichen Gelder bereichert hatten, verdunkelt sah, bemühte sich mehr als dieser zu glänzen, und nichts war so ausschweifend, das er nicht unternommen

nommen hätte, um zu seinem Zweck zu gelangen. Alle wurden arm. Der König allein und seine Einnehmer waren reich; doch waren es diese mehr als er, weil sie nicht wie er, alle Tage genöthigt waren, die verfallenen Glücksumstände von Tausenden zu verbessern. Man konnte kein öffentliches Amt mehr haben, ohne sich in der Nothwendigkeit zu sehen sich zu Grunde zu richten. Alle Bedienungen, Würden, Aemter, bürgerliche, zum Kriegsstande gehörige und geistliche Stellen wurden solchen gegeben, die bezahlen konnten; und wenn der König jemand bereichert zu haben schien, so war dies ein hinlänglicher Grund seiner künftigen Armuth.

Es war niemand, dessen Vater nicht arm gewesen wäre, und dessen Sohn nicht arm hätte werden sollen. Indessen war die Armuth nicht allein unangenehm und beschwerlich, wie sie immer gewesen war; schimpflich und unerträglich war sie geworden. Einer, der sich nicht alle Jahr wenigstens viermal neue Kleidung anschaffen konnte,
wurde

wurde nicht in die sogenannte gute Gesellschaft zugelassen. Die jungen Krieger, welche nicht genug besaßen, um in der Hauptstadt eine glänzende Lebensart zu führen, und sich daselbst zu Grunde zu richten, waren gewiß, daß sie ihr Glück nicht machen würden, wenn sie anders keine niedrige und schändliche Mittel anwenden wollten. Die Ehre, welche die Stelle der Tugend bei den alten Mirmidonen eingenommen hatte, wurde jezt von dem Reichthum verdrungen. Redlichkeit war also von allen Fehlern der, welcher am allerwenigsten an demjenigen gelitten wurde, der für einen honneten Mann gelten wollte. Niemand glaubte sich verbunden redlich zu sein, obgleich jeder auf seine Empfindungen Anspruch machte. Aber um ein Mann von Empfindung zu sein, wurde Redlichkeit nicht für nothwendig gehalten. Der König unterhielt durch tausend Mittel den Kredit, der durch den Besiz der Reichthümer erworben wurde, und den Miskredit, in den die ängstlich gewissenhafte Armuth stürzte.

Der

Der Misbrauch der Schikane *) und der gerichtlichen Formalitäten war bis zu einem solchen Grade gestiegen, daß jeder tugendhafte Bürger über die Uebel seufzte, welche diese zerstörende Plage veranlaßte. Die Jahrbücher dieser finstern und verderbten Zeiten sind voll von fürchterlichen Zügen, welche den Zustand der Schwäche und Erniedrigung, zu welchem dieses Volk herabgesunken war, nach der Natur vorstellen. Ein eheloser Alter, der durch seinen Geiz und seine Reichthümer bekannt war, konnte nie einen Bedienten bei sich behalten. Dieser sonderbare Mann verlangte von denen, die in seinem Dienste standen, eine Ergebenheit ohne Grenzen, und vorzüglich eine große Spar-

Anmerk. „Der Misbrauch der Schika„ne.„ Ob dieser Ausdruck, welcher voraussezt, daß die Schikane an sich erlaubt und gut ist, richtig sei, überlasse ich dem Leser zu beurtheilen. Ich glaube, ein genauer Uebersezer dürfe die Fehler des Originals nicht verbergen.

Der Uebers.

Sparsamkeit. Dafür gab er ihnen die schmeichelhaftesten Hoffnungen auf die Zukunft. Jeden Monat gingen eine Menge bei ihm in Dienst, und gingen wieder ab. Alle diejenigen, welche in der ganzen Gegend umher waren weggeschickt worden, hatten sich bei ihm gemeldet, und nicht ein einziger hatte, seiner Versprechungen ohngeachtet, in seinem Dienste ausdauern können.

Der Geizige sahe sich nun der Nothwendigkeit ausgesezt sich selbst zu bedienen. Eines Abends machte er sich eine Bewegung auf der Terrasse seines Schlosses, von da die Aussicht auf einen sehr breiten Fluß ging, dessen Ufer damals durch Orakel berühmt waren. Da machte er einen Entwurf, der ihm auf immer einen getreuen und sparsamen Bedienten versichern sollte. Er ließ sogleich den öffentlichen Beamten kommen, und sagte ihm folgendes Testament in die Feder:

„Ich

„Ich gebe und vermache dem Bedien-
„ten, der mir die Augen zudrücken wird,
„zwölftausend Piaster in Silber, und mein
„Schloß Tenisole.„

Es ward bald in dem ganzen Bezirke
ruchtbar, daß der Geizige entschlossen wäre,
nach seinem Tode großmüthig zu sein. Tausend drängten sich zu, die in seine Dienste
treten wollten. Einer von ihnen legte sich
das Gesez auf, während der übrigen Lebens-
zeit des Testators Hunger und Durst zu
leiden. Man will behaupten, dieser unglückliche, von Hunger ausgezehrt, würde
vor seinem Herrn gestorben sein, wenn
dieser nur noch ein halbes Jahr länger gelebt hätte. Aber sein von dem Bedienten,
den das Vermächtniß betraf, so sehr ge-
wünschter Tod verschloß das Grab des lez-
tern, in welches ihn seine seltne Standhaf-
tigkeit unvermeidlich gestürzt haben würde.

Die Erben des Geizigen waren voll
Ungeduld seines hinterlassenen Vermögens
zu

zu genießen. Ob es gleich unermeßlich war, so waren sie doch unzufrieden über das Testament. Der unglückliche Bediente, der sich kaum fortschleppen konnte, versuchte sie durch das Gemähnde der Aufopferungen die er gemacht hatte, zu rühren. Einer von ihnen verlangte das Testament zu sehen. Indem er diese Worte las: „Ich gebe und vermache dem Be„dienten,der mir die Augen zudrücken wird,„ so rief er mit einer barbarischen Freude aus: Die Schenkung ist ungültig! — — Himmel, warum denn? sagte der Bediente mit Zittern. — — Mein Oheim, antwortete der Erbe, war einäugig; du hast ihm also die Augen nicht zudrücken können.

Der unglückliche Legatarius, der sich bedrohet sah, die Früchte seiner Arbeiten zu verlieren, befragte die Rechtsgelehrten, ob in der That das Testament seines verstorbnen Herrn ungültig wäre. Die Meinungen waren getheilt. Die einen hielten sich mit ängstlicher Sorgfalt an die Worte des Gesezes, welches keine zweideutige

Ausdrücke erlaubt, und meinten, da der Legatarius die Bedingungen nicht erfüllt hätte, so könnte er an die Wolthaten des Testators keinen gerechten Anspruch machen. Die andern opferten die Strenge des Gesezes dem muthmaßlichen Willen dessen auf, von dem das Vermächtniß herkam, und glaubten, die Frage müßte nicht nach einem zweideutigen Ausdruck entschieden werden; es wäre augenscheinlich, daß der Erblasser durch den Bedienten der ihm die Augen zudrücken würde, denjenigen Bedienten verstanden hätte, der in dem Augenblicke seines Ablebens bei ihm sein würde; der Legatarius hätte also ein gegründetes Recht die Vollziehung des Testaments zu seinem Besten zu verlangen.

Diese Verschiedenheit in den Meinungen der Rechtsgelehrten bestimmte die Erben das Testament gerichtlich anzugreifen. Allein vor dem ersten Tribunal, wo die Sache vorkam, wurden sie zur Vollziehung des Willens ihres Anverwandten und in alle Unkosten verdammt.

dammt. Sie appellirten von diesem Ausspruch an einen höhern Gerichtshof, welcher die Sache mit einem andern Auge als die ersten Richter ansah, den Legatarius auf eine unmenschliche Weise mit seinem Gesuch abwies und zur Erstattung aller Unkosten verurtheilte. Endlich, nachdem die Procedurem, Instruktionen, gewechselten Schriften, Berathschlagungen und Schwierigkeiten und Nebenbescheide zehn Jahre weggenommen hatten, wurde die Sache durch ein Endurtheil von dem höchsten Gerichte entschieden, welches den ersten Ausspruch bestätigte, den armen Bedienten in Erstattung aller Proceßkosten kondemnirte, und den Erben Erlaubniß gab, ihn zu ihrem Sklaven zu machen, wofern er nicht in vier und zwanzig Stunden den Foderungen, deren Berechnung ihm sogleich zur Unterschrift sollte vorgelegt werden, Genüge thäte.

Indem die Geseze in einem dunkeln Labyrinth von unnüzen Formalitäten seufzten, welche die Habsucht, um sich zu bereichern,

chern, hervorgebracht hatte, wurden die Provinzen entvölkert, um dem alles verzehrenden Luxus der Hauptstadt Nahrung zu verschaffen. Ausser einer unzähligen Menge von Arbeitern aller Art, welche dieser übertriebne Pracht beschäfftigte, verlangte er noch, daß kein honneter Mann und keine honnete Frau sich öffentlich zeigen durften, ohne von drei oder vier Müßiggängern begleitet zu sein, denen ihr Stand selbst ein beständiges Nichtsthun auferlegte, und die gemeiniglich verhindert wurden zu heirathen. Alle Personen aus den Provinzen, die durch gutes Haushalten etwas vor sich gebracht hatten, verzehrten ihr Vermögen in der Hauptstadt, oder schickten ihre Kinder dahin. Eine so verpflanzte Familie ließ sich in der Provinz nicht weiter sehen.

Indessen mußten die Provinzen alle Jahre schwere Auflagen bezahlen; und der Mangel an Geld machte den Zustand der Landleute, die Geld erlegen sollten, sehr unglücklich. Sie verließen Haufenweise
den

den Pflug und flüchteten sich in die Hauptstadt. Dort theilten einige von ihnen die Einnahme der öffentlichen Steuern unter sich, und ließen sich für Darlehne einen Theil derselben von dem Könige abtreten. Diese lebten in einem Glanz, der in der That anstößig war. Die übrigen welche das Glück weniger begünstigte, wurden Werkzeuge des Luxus; doch war ihre Lage unendlich angenehmer und weit mehr ehrebringend, als der Zustand ihrer Väter gewesen war. Wer von dem Reiche der Mirmidonen nichts weiter gesehen hätte als ihre Hauptstadt, der würde gesagt haben, es wäre das blühendste Reich auf dem Erdboden. Sie wuchs auf eine so ungeheure Weise an, daß sie allein beinahe so viel Einwohner enthielt als das ganze übrige Reich. Da sie alle Reichthümer desselben zusammenzog und alle Gutsbesizer sie zum Aufenthalt wählten, so durfte man sich nur ihrer bemächtigen um sich zum Herrn des ganzen Reichs zu machen.

*) Nachdem ein langer und blutiger Krieg alles Geld welches sich im Staate fand, weggenommen hatte, so wurde der Entschluß gefaßt, seine Zuflucht zu der Freygebigkeit der Geistlichen zu nehmen, welche unermeßliche Reichthümer besaßen. Dieser Anschlag wäre dem Könige bald theuer zu stehen gekommen. Die Geistlichkeit behauptete, ihre Güter müßten von allen Abgaben frei sein, und wer, unter welchem Vorwande es auch geschehen möchte, daran rührte, würde sich eines Kirchenraubes **) schuldig

*) Anmerk. Die hier vorkommenden kirchlichen Ausdrücke wird der aufmerksame Leser vermuthlich am unrechten Orte angebracht finden, ohngeachtet dessen, was die Verfasserin über ihre genommene Freiheit, den Otahiter als einen unsrer Sitten völlig kundigen Mann reden zu lassen, in der Vorrede gesagt hat.   Der Uebers.

**) Anmerk. Das Wort sacrilège mußte ich hier, wegen des zweimal vorhergegangnen clergé, durch Kirchenraub über-

ſchuldig machen. „Das, was deine Vor-
„fahren, ſagten ſie zu dem Fürſten, dem
„Dienſte der Gottheit geweihet haben, darf
„nicht in ſolche Hände zurückkehren, welche
„dieſem Dienſte nicht geweihet ſind. Die
„ganze Erde gehört ihr; ihr habt ihr das
„Leben, und, was ihr noch höher ſchäzt,
„die Freiheit, und das Glück eurer Waffen
„zu verdanken. Als deine Vorfahren von
„ihren königlichen Beſizungen das trann-
„ten, was jezt das Erbtheil des höchſten We-
„ſens ausmacht, da haben ſie erkannt, daß
„dies nur das kleinſte Theil von dem wäre,
„was ihm gehören ſollte; daß es bloß aus
„nachſichtsvoller Güte ſich mit einem ſo
„geringen Opfer begnügte, und ihnen er-
„laubte den ganzen übrigen Erdboden zu
„nüzen. Indem du den Vertrag wider-
„rufſt, kraft deſſen deine Vorfahren die
„Freiheit erhielten, von ihren Beſizungen

G 4 „Ge-

überſezen. Der Fehler iſt alſo auf die
Rechnung der Verfaſſerin zu ſchreiben.

Der Ueberſ.

„Gebrauch zu machen, vernichtest du zu-
„gleich diese Erlaubniß, und wirst von dem
„Augenblick an ein unrechtmäßiger Besizer
„alles dessen, wovon dir gegenwärtig noch
„der Genuß verstattet ist."

Dieses Raisonnement schien so gründ-
lich und so überzeugend, daß niemand es
wagte darauf zu antworten. Die Treue der
Mirmidonen wurde erschüttert; und um
seinen wankenden Thron wieder zu befestigen, sahe der König sich genöthigt neue
Schenkungen zu machen, welche seine Reichthümer erschöpften, und ihn endlich in einen
solchen Zustand von Dürftigkeit und Verachtung stürzten, daß er sich bald unter den
Trümmern seines Staats zu Boden gedrückt
sah.

Ein Mirmidone, der in großem Ansehen stand, weil er eben sein zwanzigstes und
leztes Landgut verkauft hatte, unternahm
es, den Staat völlig umzustürzen. Er fand
in der Hauptstadt eine unendliche Menge
von

von Bösewichtern, die in seine Absichten
eingingen und seine Anschläge unterstüzten.
Es brach eine fürchterliche Empörung aus.
Umsonst beriefen sich der König und seine
Hofleute auf Geseze, Religion und Gerechtigkeit. Alles dies hieß Vorurtheil; und
seit langer Zeit war es schändlich, das Joch
der Vorurtheile nicht abgeschüttelt zu haben.
Niemand also war schwach genug sich durch
die Vorstellungen des Hofes gewinnen zu
lassen. Jedermann fragte wer den öffentlichen Schaz in Verwahrung hätte, und wer
von den Einnehmern die königlichen Gelder
erhöbe. Es fand sich, daß der rebellische
Mirmidone sich von allem Meister gemacht
hatte, und er war König.

Indeß hatte er Neider, weil er seines
gleichen gehabt hatte; und er hatte noch
nicht das ganze Reich unter seine Gewalt
gebracht, als die Tahiter einen Einfall thaten.
Diese kriegerische Nation hatte eben einen
blutigen gegen die Gabalosken, ein gerech-
tes und friedsames Volk geführten Krieg
geen-

geendigt. Diese Gabalosken, Bewohner der Insel Huaene, waren endlich, ohne das für bezahlt zu sein, Soldaten geworden, und hatten das Geheimniß gefunden, den Feind aus ihrem Lande zu vertreiben. Sie lebten, wie vordem die Mirmidonen gelebt hatten. Ihre Anzahl war ungeheuer. Sie waren noch nicht durch Sklaverei und Luxus ausgeartet. Sie hatten kein anderes Interesse als das, unter einander in Frieden zu leben, und ihr Vaterland zu vertheidigen.

Die Mirmidonen, die damals weit von dieser ursprünglichen Einfalt entfernt waren, hatten die Erfüllung jener lezten Pflicht einer zahlreichen Armee aufgetragen, welche den Tahitern entgegengeschickt wurde. Sie hielt sich schlecht, weil kein Geld da war ihren Muth zu beleben oder zu unterhalten. Ein Theil ging zum feindlichen Lager über, um sich mit in den ihrem Vaterlande abgenommenen Raub zu theilen. Die andern zerstreuten sich beim ersten Angriff, und der übrige Theil der Nation that nicht den geringsten Widerstand.

Der

Der König der Mirmiponen flohe mit einigen seiner Unterthanen in die Gebürge von Amerika, wo er unter Schnee und Eis seinen Aufenthalt in den Wäldern *) suchte. So lange er lebte, kriegte er mit Bären, Tigern und Schakalen; und er ließ seiner Nachkommenschaft die Ehre diese grausamen Feinde besiegt zu haben. Man sagt sogar, daß seine Nachfolger sich von ihrer unangenehmen Nachbarschaft nicht haben befreien können, und daß sie zu den übrigen Titeln, die ihre Vorfahren trugen, noch den hinzufügten, Beherrscher der Apalachen.

Die Tahiter hatten sich ihrer Eroberungen noch nicht völlig versichert, als die Finanz-

*) Anmerk. Wie die Tiger auf die beschneiten Gebirge von Amerika gekommen sind, da sie sonst nur in heissen Gegenden leben, weiß ich nicht. Die Schakalen, oder wie sie in holländischen Reisebeschreibungen heissen, die Jackhälse, kommen mir dort eben so fremd vor. **Der Ueberſ.**

Finanzpächter schon mit dem neuen Könige in Unterhandlungen traten, um bei den öffentlichen Einnahmen beibehalten, die obrigkeitlichen Personen, um bei ihren Aemtern, die Kommandanten, um bei ihren Oberbefehlshaberstellen, und die Priester, um in den Diensten, die sie in den Tempeln verrichteten, geschützt zu werden.

Die Abkömmlinge der alten Krieger wollten sich auflehnen; allein sie waren so arm, sie hatten so wenig Einfluß, daß sie sich durch ihren schlechten Aufzug beschämt sahen, als sie sich versammelten, um eine gemeinschaftliche Entschließung zu nehmen; und ihre kleine Anzahl nahm ihnen allen Muth. Sie kamen mit der Demüthigung davon, daß sie vor ihrem neuen Herrn ein wenig mehr kriechen mußten. Die Diener der Religion schrieen so laut sie konnten, es geschähe nichts ohne den Willen Gottes, und versicherten, daß sie in der Stille die unveränderlichen Schlüsse des Schicksals anbeteten. Schon rauchten alle Altäre von dem Weihrauch der zur Ehre der Gottheit

anges

angezündet wurde, um von ihr das Wol
des neuen Königs zu erbitten. Die Erzieher lehrten die Kinder, er wäre ihr rechtmäßiger Herr. Die Krieger schwuren, sie wollten nie die Empfindungen von Ehrfurcht und Treue verleugnen, wovon sie allen ihren Königen beständige Beweise gegeben hätten. Die Redner priesen die Tugenden des Monarchen in prächtigen Reden. Die Dichter zeigten nie eine so fruchtbare und laute Begeisterung. Die Obrigkeit ließ diejenigen in Ketten und Banden werfen, die nicht mit genug Ehrfurcht und Vorsichtigkeit von dem neuen Gözen sprachen. Die Kaufleute versicherten öffentlich, nie wäre der Handel blühender gewesen als unter dieser neuen Regierung. Die Pächter versprachen heilig, sie wollten den Monarchen nicht mehr betrügen als sie seine Vorweser betrogen hätten. Der müßige Bürger endlich durchlief alle große Pläze der Hauptstadt, und segnete die neue Regierung, unter der er in Ueberfluß und Ruhe lebte. Der Landmann, der mehr unterdrückt wurde, und weniger politisch
dachte,

dachte, entweihte seine Zunge nicht durch
dergleichen unverschämtes Geschwäz; heim:
lich murrte er über die Auflagen, und öffent:
lich brach er in Unwillen gegen die königli:
chen Verwalter aus. Indessen waren noch
nicht acht Tage verflossen, seitdem die Re:
volution zu stande gebracht war, und der
neue König, ganz mit seiner gemachten Er:
oberung beschäfftigt, hatte noch nicht Zeit
gehabt zu sich selbst zu kommen.

Dieser Fürst glaubte sich geschickt, und
im stande den Schleier zu zerreissen, der
den unglücklichen Sterblichen die Zukunft
verbirgt. Da er vortreflich kalkulirte, und
ein so politischer Regent als unerschrockner
Krieger war, so hatte er schon, ehe die Flotte
absegelte, den ganzen glücklichen Erfolg vor:
ausgesehn, der seine Unternehmung krönen
würde. Dieser Ausgang hatte ihn über:
zeugt, daß der Oberpriester selbst die Schlüsse
des Schicksals nicht besser kennte als er.
Er glaubte darinn zu lesen, daß alle Witwi:
bonen feine Betrüger oder feige Schmeichler
wären; daß sie alle sich bloß durch ihren

Pri:

Privatvortheil lenken ließen; daß endlich, wenn die Tahiter von ihnen angesteckt würden, seine Krone ihm bald eben so leicht würde geraubt werden können, als es ihm selbst leicht geworden war, den König, dessen Thron er jezt besaß, zu verjagen. Hieraus machte er den Schluß, daß er die Sitten seiner neuen Unterthanen umschaffen und den Staat in allen seinen Theilen verbessern müßte. Der Handel hatte die Nation bereichert, er beschloß durch Vernichtung eines Theils ihrer Manufakturen sie arm zu machen. Die Wissenschaften hatten alle Vorurtheile zerstreut; er beschloß, diese auf den Trümmern der Künste und der Philosophie wieder herzustellen. Die Reichthümer der öffentlichen Einnehmer hatten zu dem Verderbniß der Sitten beygetragen; er beschloß, ihrer Dienste zu entberen. Gedungne Kriegsvölker hatten die Kassen erschöpft, den Staat entvölkert, und ohne Muth für ihr Land gefochten; er beschloß, sie gänzlich zu entlassen. Der Gottesdienst, durch lächerlichen und barbarischen Aberglauben verdunkelt,

was

war vernachläßigt und verachtet worden; er beschloß, ihm jene alte Einfalt wieder zu geben, die ihn den Mirmidonen ehrwürdig gemacht hatte. Die durch ihre Widersprüche und ihre Menge verächtlich gewordenen Geseze, waren zu ohnmächtig um Unordnung zu verhindern, und verschafften den Schuldigen Ausflüchte sich der Strafe zu entziehen; er beschloß sie abzuschaffen.

Voll von diesen großen Ideen einer allgemeinen Veränderung, versammelte er seine getreuen Tahiter, und redete sie also an: „Tapfere Tahiter, Stüzen meines „Throns, glückliche Werkzeuge meiner „Größe, durch eure Tugenden habt ihr „verdient die Herren eines lasterhaften „Volks zu werden; durch euren Muth und „durch die weise Kriegszucht der ihr euch „unterworfen habt, trachtet ihr furchtsame „ungelehrige und für Lohn fechtende Soldaten unter das Joch. Unter meiner An„führung und durch meine Klugheit stürzet „ihr einen feigen und ungeschickten Fürsten „vom Thron. Laßt uns so noch nach dem
„Siege

„Siege sein, wie wir vor der Unterneh-
„mung des Krieges waren. Wenn wir die
„Ueberwundenen verachten, so laßt uns
„noch mehr die Laster verabscheuen, durch die
„sie in unsre Hände gefallen sind. Eine
„glückliche Erfahrung hat uns gelehret, daß
„die Armuth den Reichthümern vorzuzie-
„hen sei, daß die Wissenschaften eigenthüm-
„lich der Sklaverei angehören, daß die
„Verachtung Gottes seinen Zorn reizt, und
„daß die blühendsten Reiche früh oder spät
„den armen und kriegerischen Nationen zur
„Beute werden. Laßt uns die Reichthü-
„mer, die Künste, den Handel verachten;
„laßt uns die Religionsspötterei verabscheu-
„en; laßt uns arm sein, da wir nicht reich
„und tugendhaft zugleich sein können. Al-
„lein, da das Beispiel des großen Haufens
„ansteckend ist, und die Fatimiten, diese
„vordem so kriegrische und so furchtbare
„Nation, die Sitten ihrer Sklaven ange-
„nommen und ihr Schicksal getheilt haben;
„so laßt uns, zu unsrer eignen Sicherheit
„gegen diese ansteckende Seuche, die Be-

H   „siegten,

„siegten zwingen uns ähnlich zu werden.
„Wir werden ihr Glück machen, indem wir
„das unsrige auf immer sicher stellen.„

Die Tahiter gaben dieser Rede einmüthig ihren Beifall, obgleich die meisten schon einen heimlichen Hang bei sich spürten die Sitten und Gebräuche der Mirmidonen nachzuahmen. Aber das Gesez, welches der König vorschlug, schmeichelte zu sehr ihrer Eigenliebe, als daß sie es nicht hätten annehmen sollen. Der Inhalt dieses Gesezes war: daß, da die Tahiter die herrschende Nation ausmachten, ihre Sitten und Gebräuche billig in dem Staate auch herrschend sein müßten; daß also ihre Kleidung ins künftige allen Mirmidonen, die an ihrer Größe Theil zu nehmen wünschten, zum Muster dienen sollte; daß die prächtigen Häuser womit die Hauptstadt geziert war, bloß von den Sklaven und Ueberwundenen sollten bewohnt werden können; daß die Städte den Muthlosen zum Aufenthalt dienen sollten, und daß niemanden ein Amt dürfte aufgetragen werden, als wer beweisen fen würde, daß er sich seit der Zeit der Eroberung in allem nach den Sitten der Tahiter gerichtet hätte.

Dieses Gesez wurde in allen von dem neuen Reiche der Tahiter abhängigen Gegenden bekannt gemacht. Es wurde darinn nichts in Absicht auf den Dienst des höchsten Wesens verordnet, weil der König befürchtete, eine solche Verordnung möchte ohne Wirkung gegen die Irreligion sein, die sich beständig den Hindernissen kühn widersezt, welche die wahre Gottesfurcht ihren Ausschweifungen entgegenstellt. Dieser weise Fürst war überzeugt, daß man sich in dieser Sache mehr auf die Stärke des Beispiels, als auf den Schrecken der Geseze verlassen müsse.

Um über die Weisheit und Wichtigkeit der Verordnungen zu urtheilen, welche damals von dem Sieger bekannt gemacht würden, ist es nothwendig die Regierungsform der Tahiter, ihre Sitten, ihre Gebräuche zu kennen, und zu wissen, wie sie in Absicht auf die Wissenschaften und Künste denken.

Dieses

Dieses Gemählde, deren Schattirungen ohne Zweifel weniger abwechselnd sein werden, als sie sein könnten, wenn es einen Staat von Europa zum Gegenstande hätte, wird deswegen nicht weniger interessant sein. Ein Volk welches seit mehr tausend Jahren sich vor der Seuche, die fast alle Nationen des Erdbodens angesteckt hat, zu verwahren wußte; ein Volk, welches mehr durch die ehrwürdigen Bande der Freundschaft, als durch den Zwang der Geseze vereinigt lebt; kurz, ein Volk, welches der Gegenstand der Bewunderung und der Verzweifelung aller derer ist, die es besuchen, verdient wol eben so bekannt zu sein, als jene stolzen Völkerschaften, jene mächtigen Eroberer, deren schändliche Handlungen die Zeitbücher des menschlichen Geschlechtes entehren.

Ende des ersten Theils.

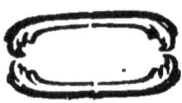